成長型心態 × 自我效能感，拆解信念的形成過程，從潛意識改寫對自己的定義

拿破崙・希爾的
成功法則

拿破崙・希爾 著

沈懿文 編譯

NAPOLEON HILL'S LAWS OF SUCCESS

成功不是運氣，而是一種可以培養的思維習慣
借鏡拿破崙・希爾的智慧，讓夢想從信念變為現實

目 錄

序言 005

第一章
夢想的力量 009

第二章
明確的目標設定 035

第三章
信念的基石 061

第四章
持續的自我建設 087

第五章
正向思考的習慣 111

目錄

第六章
培養自律的態度　　　　　　　　　133

第七章
自信與決斷的力量　　　　　　　　157

第八章
樂觀心態的培養　　　　　　　　　181

第九章
情緒與態度管理　　　　　　　　　203

第十章
內在動力的驅策　　　　　　　　　221

序言

在人生的旅程中,每個人都會面對屬於自己的挑戰與抉擇。無論是職場中的競爭與壓力,還是生活中的不確定與未知,唯有那些懂得掌握內在驅動力與正向心態的人,才能在浪潮中保持定力,逆流而上。心理學家馬汀・塞利格曼(Martin Seligman)曾指出:「真正的幸福與成長,來自於我們能否在壓力與挑戰中,找到內在的力量,並持續實踐。」

本書正是以這樣的理念出發,從內在驅動力、正向心態到具體行動,系統性地探討如何讓自己在變化多端的世界中,依然堅定前行。拿破崙・希爾提醒我們:「成功不是偶然,而是那些看似不起眼的日常選擇,長期累積後的必然結果。」於是,這本書希望成為每位讀者的心靈夥伴,陪伴你從認識自我、啟動內在動力,到實踐目標、成就更好的自己。

首先,我們將從自信與態度談起。心理學家丹尼爾・高曼(Daniel Goleman)在情緒智商理論中提出,情緒與態度決定了我們面對問題時的彈性與創造力。自信是一種深刻的自我價值認同,而態度則是面對未知時的內在導航。唯有學會管理情緒、培養正向的態度,才能讓行動有更穩定的基礎。

序言

接下來，書中深入探討內在動力的來源與培養。心理學家愛德華‧德西（Edward Deci）與理察‧瑞恩（Richard Ryan）在自我決定理論中，揭示了內在動力來自「自主性、勝任感與連結感」三個要素。這不只是理論，更是生活中最真實的寫照。當我們能讓工作與生活貼近內心的價值觀，動力就會像不滅的火焰，持續燃燒。

本書也重視情緒與壓力的管理。現代社會節奏快速，焦慮與壓力無孔不入。心理學家布芮妮‧布朗（Brené Brown）提醒我們，脆弱感並非軟弱，而是人性的一部分。學會在壓力中承認並接納情緒，才能真正釋放壓力，並在每一次低潮後重新找回自己的力量。

行動力則是書中另一個重點。心理學家亞伯特‧班度拉（Albert Bandura）強調，自我效能感是推動行動的核心。從小行動開始、在挑戰中不斷累積自我肯定，是將目標從想法化為現實的必要途徑。拿破崙‧希爾提醒我們：「每一個小小的進步，都是向夢想前進的一大步。」

除了個人的成長，本書還特別探討了人際互動中的正向心態。態度不只影響自己，也深刻影響與人互動的品質。積極、真誠的態度，能在家庭與職場中創造信任與合作，成為支持自己跨越挑戰的堅實網絡。

值得一提的是，本書中不僅結合理論，還融入了大量的

實務練習與真實案例。這些案例有運動員如何在賽場上找到面對失敗的勇氣,也有創業者如何在市場動盪中保持內在的信念。這些故事提醒我們,無論身分或背景,內在動力的核心機制是共通的:目標感、行動力與情感連結。

最後,本書不只是知識的堆疊,更是一份真摯的邀請。邀請每位讀者,在閱讀的過程中,與自己對話,覺察內心深處那些最真實的渴望與力量。這是一本屬於所有願意成長的人的指南,也是一本充滿希望與行動力的生命筆記。

誠摯期待,當你闔上書本的那一刻,心中的火種已被悄悄點燃。因為,真正的成長,從來不是轟轟烈烈的改變,而是那些日復一日的累積與選擇。願這本書,成為你在困境中仍能微笑、在挑戰前仍能堅持的精神支柱。

讓我們一起,在生活的每個轉彎,發現自己更多的可能與力量。

序言

第一章
夢想的力量

第一章　夢想的力量

第一節　夢想的本質

夢想是一種無形的力量，彷彿夜空中閃耀的星光，照亮我們前行的方向。它源自心靈深處，蘊藏著無窮的可能與希望。拿破崙・希爾認為，夢想並非一時的幻想或空想，而是一種內心深處持續燃燒的願景，它是生命的驅動力，為我們的存在賦予深層意義。

從心理學的角度來說，夢想是一種積極的心態，是一種潛意識的驅策。威廉・詹姆斯曾說：「人類最大的發現，是一個人能改變自己的想法，就能改變自己的人生。」這意味著，夢想的力量就在於它能啟發人心，讓人從平凡走向非凡。夢想使我們脫離慣性的束縛，超越當下的限制，看見未來的廣闊天地。

夢想具有感染力，也具有驅動力。當我們懷抱夢想，內心會激盪出強烈的熱情與渴望，這種能量會影響我們的思想與行動。根據心理學家亞伯拉罕・馬斯洛（Abraham Maslow）的理論，夢想屬於人類的自我實現需求，是驅動個人不斷前行的重要力量。當夢想被清晰地描繪出來，並轉化成目標與行動計畫時，它就不再只是遙不可及的幻想，而成為指引我們突破困境、邁向成功的指南。

第一節　夢想的本質

　　夢想的本質也在於它的塑造力。它能塑造我們的價值觀、態度與行為方式。拿破崙‧希爾強調，夢想必須與正向的信念相輔相成，唯有如此，才能讓它在現實生活中開花結果。夢想不只是空想，而是與現實接軌的起點。它需要被尊重、被傾聽，並且需要透過不斷地實踐與修正，才能成為真正的力量。

　　然而，夢想的道路並非一帆風順。許多人在面對外界的懷疑或自身的恐懼時，會選擇放棄夢想。心理學研究顯示，人在成長過程中，會不斷受到社會環境的影響，這些影響可能削弱對夢想的堅持。社會學家艾瑞克‧佛洛姆（Erich Fromm）曾說：「人的成長，不僅僅是生理上的成熟，更是心理與精神的成熟。」夢想的培養，需要我們勇於面對質疑，並在逆境中保持初心。

　　夢想的本質也展現在它的自我超越性。夢想讓我們從「必須」的生活，進入「渴望」的世界。哲學家索倫‧齊克果（Søren Kierkegaard）以其著作《恐懼和戰慄》提出對夢想與理想失去信仰時，人會陷入自我否定與空虛的狀態，形成一種深層的絕望。這部分的內容可以在《恐懼和戰慄》中找到。可見，夢想不只是生活的一部分，而是維繫內在生命力的重要支柱。

第一章　夢想的力量

　　夢想也是一種內在的對話，是與自我靈魂的深度交流。它不受外在條件的拘束，而是由內而外散發的光芒。當我們靜下心來，認真聆聽內心的聲音，就能更清楚地看見夢想的樣貌。夢想的形狀雖然因人而異，但它們共同的特徵在於能引發行動的欲望。

　　拿破崙‧希爾認為，夢想之所以強大，是因為它能召喚我們的潛能。這種潛能潛藏在每個人心中，等待被喚醒。夢想就是那把鑰匙，能打開潛能之門，讓我們看見自己的無限可能。它鼓舞我們超越平庸，勇敢面對未知，並為生命注入意義。

　　夢想不只是個人的心靈寄託，更是一種社會責任。當我們把夢想付諸實踐，就能影響周遭的人，形成一股向上的力量。正如馬丁‧路德‧金恩（Martin Luther King Jr.）在〈我有一個夢〉的演說中所言：「我有一個夢，這夢深深扎根於美國夢之中。」這句話點出了夢想的社會意義：夢想能超越個人，成為改變世界的起點。

　　夢想的本質還在於它的不確定性。夢想總是伴隨著風險與挑戰，但也正是這種不確定性，讓人生充滿冒險的樂趣。夢想使我們在未知的世界裡學會適應與成長。每一次跨出舒適圈，都是夢想的延伸與實現。

　　當夢想與現實產生衝突時，拿破崙‧希爾提醒我們，夢

第一節　夢想的本質

想需要不斷調整與深化。夢想不是一成不變的，它會隨著人生經驗的累積而成長。夢想也需要與理性結合，透過具體的計畫與行動，才能在現實中落地生根。這正是夢想的另一層力量：它促使我們成長，並且引領我們超越自我。

夢想的本質還包括它的時間性。夢想不只是當下的願景，也是一種跨越時間的召喚。它提醒我們：未來雖未到來，但現在的每一步都在塑造未來。心理學家卡爾‧榮格（Carl Jung）曾說：「你的視野將決定你的世界。」夢想就是拓寬視野的途徑，使我們看見更遠的可能性。

總之，夢想是一種充滿生命力的力量。它來自內心深處的召喚，並在不斷的思考與行動中茁壯。當我們真誠地擁抱夢想，並付諸實踐，就能讓夢想成為人生的指南針，帶領我們邁向更高的目標與更深的滿足感。夢想的本質，正是生命的靈魂與希望之所在。

第一章　夢想的力量

第二節　夢想的定位

　　夢想的定位是一個人對內在潛能的確認，也是對未來方向的深度勾勒。夢想並非隨意的幻想，而是與內心深處價值觀、信念與人生目標交織而成的圖景。當一個人試圖將夢想明確定位，他實際上是在找尋生命的意義與行動的核心驅動力。夢想的定位，讓我們從模糊的渴望轉向清晰的願景，並將內在世界與外在現實串連起來，進而形塑人生的藍圖。

　　夢想的定位有三個層面：第一，心理層面；第二，價值層面；第三，行動層面。心理層面涉及內心深處的渴望與潛在需求；價值層面涉及夢想與個人核心價值觀的連結；而行動層面，則是夢想如何具體化並融入現實行動中。

　　在心理層面，夢想的定位涉及對自我認知的深化。心理學家卡爾‧榮格（Carl Jung）指出，人類內在潛意識中蘊藏著許多尚未開發的潛能，夢想正是將這些潛能顯化的橋梁。當我們真誠地面對自己的夢想，實際上是在面對內在的需求，認知到自己真正渴望的生活樣貌。夢想的定位，讓我們超越現實的限制，看見內在更高層次的潛力。

　　從價值層面來看，夢想的定位更是與個人價值觀深深連結的。心理學家馬斯洛（Abraham Maslow）的需求層次理論提到，當基本需求被滿足後，人類會追求自我實現。夢想的

第二節　夢想的定位

定位，是將自我實現的渴望與具體價值相結合的過程。當夢想符合自己的價值觀時，便能產生深層的共鳴與持久的驅動力。反之，若夢想只是迎合外界期望，最終難以持續，也難以轉化為真實的行動。

行動層面的夢想定位，則是將夢想具體化的起點。拿破崙‧希爾認為，夢想只有在被具體化為目標、步驟與計畫時，才能真正進入生活。夢想若僅停留在想像，終將如同浮雲般消散。將夢想落實於行動，才能使它從抽象轉變為現實，並讓個人的潛能獲得發揮。這需要時間、堅持與靈活的調整，也需要在每一次挑戰中保持對夢想的初衷。

夢想的定位並非一蹴可幾，而是需要持續的探索與調整。每個人生階段，都可能對夢想有不同的理解與詮釋。年輕時，夢想可能是對理想職涯的嚮往；中年時，夢想可能轉向對家庭或社會貢獻的追求；而在生命後期，夢想可能是對自我價值的圓滿感。這種變動性，顯示了夢想的彈性與生命力。

夢想定位的另一個關鍵，是自我反思與對話。拿破崙‧希爾指出，唯有透過不斷地與自我對話，才能釐清夢想背後的真正意義。這種對話不是單向的，而是持續不斷的自我檢視與修正。心理學家威廉‧詹姆斯（William James）也曾強調，心靈的力量來自於對夢想的信仰。當夢想經由反覆的思

第一章　夢想的力量

考與內化，會形成一種堅定的信念，這種信念進而支撐未來的行動。

夢想的定位也與生活方式密切相關。一個明確定位的夢想，會逐漸滲透到生活中的每一個選擇：學習的方向、人際關係的經營、工作的態度，甚至日常生活的安排。這種全方位的影響力，讓夢想不再只是夢，而是成為生活的核心價值。當夢想成為生活的中心，人便能從日常的瑣事中，汲取實踐夢想的動力與靈感。

夢想的定位，還牽涉到時間觀的轉化。心理學家菲利普・津巴多（Philip Zimbardo）提出「時間觀理論」，強調人對於未來的期許，會影響當下的行為模式。夢想作為未來的召喚，會改變我們看待現在的方式，讓每一個決定都帶著未來的影子。這種時間感的轉化，使夢想成為日常行動的長期驅策力。

夢想的定位，更是一種文化與社會背景下的選擇。社會文化會提供不同的價值框架，影響我們如何看待夢想與實現夢想的路徑。舉例來說，臺灣社會強調穩定與安全，可能讓部分人難以勇敢追尋與眾不同的夢想。但當一個人清楚夢想的定位，他就能在文化與社會期望之間，找到自己的平衡點。

夢想的定位，還需要勇氣與自我肯定。心理學家卡爾・羅傑斯（Carl Rogers）曾說：「真正的自我實現，來自於忠實

第二節　夢想的定位

面對自己。」夢想的定位，不只是迎合外界的標準，而是找到真實的自己。當一個人願意放下對他人眼光的恐懼，轉而專注於內心的聲音，夢想才能真正落地生根。

　　夢想的定位並非最終目的，而是一條終身的探索之路。拿破崙‧希爾強調，夢想需要不斷修正與更新，因為人生本身就是不斷成長與變動的歷程。夢想的定位，是一種與生命同步脈動的過程，讓我們在每一個當下，都能活得更有方向感與意義。

　　總結來說，夢想的定位是人生的核心課題。它幫助我們了解自己的價值觀，明確目標，並轉化為實際的行動計畫。夢想的定位，不僅是思維上的勾勒，也是日常生活的具體實踐。當我們清楚夢想的定位，並持續在行動中深化它，夢想就能成為生命中不滅的明燈，照亮前行的道路。

第一章　夢想的力量

第三節　信念的基石

信念是人生的基石，是支撐一切行動的內在力量。心理學家威廉・詹姆斯（William James）曾說：「信念塑造現實。」這句話深刻揭示了信念在人生中的作用。信念不是盲目的幻想，而是經過深思熟慮後，內心深處對未來與目標的堅定態度。當一個人深信自己能夠達成某個目標時，這種信念會轉化為日常行動的驅動力，最終帶來成功的結果。

信念的力量不僅表現在一時的衝動上，而是長期的堅持與自我鞭策。心理學家亞伯特・班度拉（Albert Bandura）提出自我效能理論（self-efficacy），說明一個人對自己能力的信念會影響目標的選擇與行動的堅持程度。當我們認為自己有能力達成目標時，這種信念會激發更多的行動與創造力。相反地，若一個人缺乏信念，遇到挫折時就容易放棄或退縮。

信念不僅影響行動，也影響情緒與心理狀態。正向的信念會帶來希望與動力，使人在困難面前仍能保持樂觀與堅持。反之，消極的信念會削弱自信與行動力，讓人陷入懷疑與焦慮的循環。心理學家馬汀・塞利格曼（Martin Seligman）強調，習得性無助（learned helplessness）是源於負面信念的內化。若一個人相信自己無法改變現狀，就會失去改變的動力。

第三節　信念的基石

　　培養堅定的信念需要三個要素：自我認知、正向暗示與行動驗證。首先，自我認知是基礎。唯有真正了解自己的價值觀與目標，才能建立符合內在需求的信念。自我認知不是自我滿足，而是面對真實自我的勇氣。透過反思與覺察，能夠辨別哪些信念是基於恐懼，哪些是來自真正的渴望。

　　接著，正向暗示是鞏固信念的重要工具。許多心理學研究證明，語言與思考模式會影響大腦的運作。當我們用正向的語言與自我暗示強化信念時，神經元會重新連結，形成新的認知模式。例如：每天告訴自己「我有能力克服困難」，久而久之，這種信念會在潛意識中深深扎根，成為日常行動的依據。

　　最後，行動驗證則是信念的實踐基礎。信念若無法在現實中得到驗證，終究會被動搖。拿破崙・希爾認為，行動是信念的試金石。當一個人將信念轉化為具體行動，並在實踐中獲得小小的成果，信念會因此更加堅定。這種「行動－成果－信念強化」的循環，是信念得以長期維持的關鍵。

第一章　夢想的力量

第四節　持續的自我建設

　　持續的自我建設是人生成功的重要基石。心理學家亞伯拉罕·馬斯洛（Abraham Maslow）在其需求層次理論中指出，人類最終的目標是自我實現，也就是不斷發展自身潛力，達到更高層次的滿足與意義。拿破崙·希爾也強調，成功不只是一次性的勝利，而是長期堅持自我建設與成長的結果。這種自我建設是一條漫長的旅程，涉及學習、反思、調整和進步。

　　自我建設首先來自於自我認識。自我認識是了解自己的價值觀、信念與目標的基礎。心理學家卡爾·榮格（Carl Jung）認為，只有當一個人能夠面對自己的陰影面與真實的內在，才能真正開始自我建設的旅程。這種面對自我需要誠實與勇氣，因為真實面對自我往往伴隨著對內在衝突與矛盾的覺察。

　　持續的自我建設需要明確的學習方向與目標。無論是在工作領域、學業發展，或是人際互動中，設定明確的學習目標能幫助我們不斷進步。心理學家班度拉（Albert Bandura）認為，目標導向的行為會激發更多的自我效能感，讓人在面對困難時不輕易放棄。設定目標不只是紙上談兵，它需要結合行動計畫，並隨時檢視與調整。

第四節　持續的自我建設

除了學習，持續的自我建設也需要反思與檢討。心理學家唐納德・梅金鮑姆（Donald Meichenbaum）提出，自我對話與自我監督是改變行為的重要工具。透過反思日常行動與決策的過程，能幫助我們意識到自己的盲點與改進空間。反思不只是檢討過去，更是未來行動的指南。

實踐是自我建設的關鍵。無論是閱讀、學習新技能，還是改善溝通技巧，若不付諸實踐，最終只會停留在理論層面。拿破崙・希爾主張，行動是所有目標與信念的試金石。透過實踐，我們可以在不斷的修正與學習中，逐步建構起更完整的自我形象。

同時，自我建設也必須具備彈性與適應性。面對快速變化的時代，固守過去的經驗往往無法應對新的挑戰。心理學家卡蘿・杜維克（Carol Dweck）提出成長型心態（growth mindset）的概念，強調持續學習與接受挑戰的重要性。擁有成長型心態的人，能把失敗視為學習的契機，並從中獲取寶貴的經驗。

自我建設的過程中，持續激發內在動力是關鍵。動力是讓人不斷前進的火種，當內在的動力與外在的目標結合時，會產生強大的推進力。心理學家丹尼爾・品克（Daniel Pink）提出，動機的核心在於自主性、勝任感與目的感。當我們感受到這三者的滿足，就會產生源源不絕的動力。

第一章　夢想的力量

　　此外，社會支持系統在自我建設中扮演不可或缺的角色。朋友、家人、導師或同事的鼓勵與支持，能提供情緒上的安慰與實際的建議。根據心理學家布朗（Brené Brown）的研究，人際連結與信任感，能大幅提升一個人的自信與學習動力。透過互動與交流，我們可以在他人的回饋中看見盲點，找到成長的方向。

　　總之，持續的自我建設是人生旅程中不可或缺的一部分。它要求我們不斷學習新知、反思過去、接受挑戰並保持行動力。拿破崙・希爾提醒我們，真正的成功來自於不斷精進自我，並在不斷的學習與挑戰中，發掘生命的意義與價值。當我們把自我建設視為一種長期的承諾，而不只是短期的目標，才能真正邁向持久而深遠的成功。

第五節　正向思考的習慣

　　正向思考是一種心態，也是一種習慣。拿破崙・希爾認為，正向思考是驅動成功的重要力量，因為它能改變一個人的心境、行動模式，甚至生活結果。心理學家馬汀・塞利格曼（Martin Seligman）提出「樂觀心理學」，強調樂觀的心態能讓人更有彈性地面對挑戰，並在困境中找到希望。

　　正向思考並非天生，而是需要持續培養的心理習慣。正向思考的人，會用正面的視角看待周遭的人事物，即便在挫折中，仍能看見潛藏的機會與學習的價值。這種態度不只讓生活更充實，也讓人更有行動力。心理學研究顯示，正向思考者通常能更快從失敗中復原，並且更能堅持長期目標。

　　正向思考的基礎是自我覺察。當我們面對困難或壓力時，第一步是覺察自己的情緒與想法。心理學家丹尼爾・高曼（Daniel Goleman）認為，情緒智商（EQ）的核心能力之一，就是情緒覺察。唯有清楚自己的情緒，才能在面對壓力時，選擇正向的回應方式。覺察讓我們有機會打破負面思考的慣性，轉而選擇有建設性的想法。

　　正向思考的第二步是自我對話。內在對話是影響行為的重要力量。當我們遇到挑戰時，會在腦海中與自己對話。負面的自我對話常帶來懷疑與焦慮，讓人停滯不前；反之，正

第一章　夢想的力量

　　向的自我對話能夠鼓勵自己，提醒內心深處的信念與潛力。研究顯示，透過樂觀的自我對話，能顯著提升問題解決的能力與面對挑戰的韌性。

　　培養正向思考的第三步，是練習轉換視角。哲學家威廉・詹姆斯（William James）說過：「改變一個人的心態，就等於改變他的人生。」這意味著，當我們願意從不同的角度看待問題，就能找到新的機會。舉例而言，工作中的挫折可能是一種重新認識自己、調整策略的契機，而不是失敗的證明。正向思考就是持續練習如何將問題轉化為成長的資源。

　　正向思考與信念的關聯密不可分。當一個人內心深處有堅定的信念時，正向思考更容易成為日常的習慣。心理學家亞伯特・班度拉（Albert Bandura）指出，自我效能感是行動與正向思考的核心。相信自己有能力面對挑戰，會促使人在逆境中仍然保持樂觀，並且產生創新的解決方式。

　　實踐正向思考需要從日常行為開始。每天的言語與行動，都是正向思考的表現。面對問題時，提醒自己「我可以找到辦法」，或是用「這是學習的機會」來看待失敗，都是正向思考的日常練習。當這種思考方式成為習慣，就會在潛意識中累積強大的心理韌性。

　　正向思考也需要社會支持。周遭的環境與人際互動，會強化或削弱我們的思考方式。心理學家艾美・柯蒂（Amy

第五節 正向思考的習慣

Cuddy）在其研究中發現，正向的社會互動能顯著提升自信與正向態度。與正向的人為伍，會讓我們更容易看見希望與可能性。反之，長期處於負面思維的環境中，會讓人更容易陷入自我懷疑與焦慮。

持續的練習與反思，是正向思考能否長久維持的關鍵。心理學家卡蘿‧杜維克（Carol Dweck）主張，成長型心態是正向思考的延伸。當我們將挑戰視為成長的機會，而非失敗的證明，就能在挫折中找到學習與自我強化的力量。這種心態不僅讓人更有韌性，也讓人更能享受學習與成長的過程。

總而言之，正向思考並非短暫的情緒，而是一種長期培養的習慣。它來自自我覺察、內在對話與行動的結合，並且需要不斷的練習與調整。拿破崙‧希爾提醒我們，正向思考是改變人生的起點。當我們學會在困難中找尋機會，並且用正向的態度面對挑戰，人生的每一步都能更有力量。

第一章　夢想的力量

第六節　培養自律的態度

　　自律是一種強大的內在力量，能夠決定一個人能否長期堅持目標並最終實現夢想。拿破崙‧希爾曾說過：「自律是控制自己思想與行為的能力，是實現任何偉大目標的基礎。」心理學家羅伊‧鮑邁斯特（Roy Baumeister）在自我控制的研究中，將自律視為影響成就與生活滿意度的關鍵因素。自律並非壓抑欲望或過度自我限制，而是以理性的方式管理欲望與情緒，並持續朝向目標前進。

　　自律的基礎在於自我認知與目標感。若沒有明確的目標，缺乏方向感時，自律容易淪為壓力與痛苦的來源。心理學家愛德華‧德西（Edward Deci）與理察‧瑞恩（Richard Ryan）提出的自我決定理論強調，目標若能反映個人內在的價值觀，就能產生更強的內在動機。當一個人自覺目標對自己有深刻意義時，自律就不再只是壓力，而是源源不絕的推進力。

　　自律的實踐需要從小處著手，從日常生活中的習慣養成開始。行為心理學家 B.F. 史金納（B. F. Skinner）指出，行為的改變往往需要強化與反覆練習。從早起、運動、閱讀等小事做起，逐步建立自律的信念與實際行為，讓它成為生活的一部分。當自律從外在約束內化為自我驅動時，它就會成

第六節　培養自律的態度

為一種習慣，影響所有生活層面。

自律的挑戰來自於欲望與誘惑。面對即時的滿足誘惑時，堅持長遠目標需要強大的心理韌性。心理學家米歇爾（Walter Mischel）在著名的「棉花糖實驗」中，發現能夠延遲滿足的孩子，日後在人際關係與學業表現上更優秀。這說明了自律的價值：能夠克服短期誘惑，專注於長期利益。實踐中，可以透過覺察與轉移注意力等策略，降低誘惑對行動的影響。

自律不只是約束行為，更是自我管理的智慧。它需要自我規範與彈性的平衡。過度僵化的自律可能帶來焦慮與壓力，反而削弱動力。心理學家丹尼爾‧高曼（Daniel Goleman）強調，情緒智商包含自我管理的能力，這意味著自律需要與自我接納結合。懂得原諒自己的偶爾放縱，反而能讓自律更持久且符合人性。

自律也是面對逆境時的重要資產。拿破崙‧希爾認為，人生的挑戰往往不是一時的，而是長期存在的。只有具備自律，才能在壓力中保持清晰的思考與持續的行動。心理學家安琪拉‧達克沃斯（Angela Duckworth）在「堅毅力」的研究中指出，能夠持續面對挑戰的關鍵之一，就是自律與自我控制。自律讓我們在困境中，依然朝著長期目標前進，不輕言放棄。

第一章　夢想的力量

　　此外，自律與時間管理息息相關。有效的時間管理能讓人更好地分配精力，避免情緒消耗與拖延。運用計畫與優先順序，能讓人更聚焦在重要的目標上。許多研究顯示，時間管理良好的人，更容易持續保持自律，也更能在面對多重挑戰時維持心理健康。

　　社會支持同樣是自律的重要資源。正向的社會支持能讓人在挫折中找到力量。心理學家艾美・柯蒂（Amy Cuddy）發現，周遭的鼓勵與支持能夠提升一個人的自我效能感，進而強化自律的持久性。建立健康的社交圈，與樂觀向上的人為伍，能讓自律的實踐更穩固，也更少孤軍奮戰的壓力。

　　最終，自律是一種長期承諾，也是一種生活態度。拿破崙・希爾提醒我們，真正的成功不是來自外在的條件，而是來自於內在的紀律與持續努力。當自律成為生活的習慣，便能在任何挑戰中保持堅定的方向，找到屬於自己的平衡與力量。

第七節　自信與決斷的力量

　　自信是一種無形的力量，能夠決定一個人面對挑戰時的態度與行動。拿破崙·希爾認為，自信與決斷是通往成功的重要基礎，因為它們能夠在關鍵時刻，指引我們做出果斷的抉擇。心理學家阿爾弗雷德·阿德勒（Alfred Adler）強調，自信不是天生的，而是從行動中一步步培養出來的。當我們對自己的能力有信念時，才能在面對未知的時候堅持下去。

　　自信的根源來自自我認知與經驗的累積。心理學家亞伯特·班度拉（Albert Bandura）提出的自我效能理論指出，個人對於自己達成目標的信念，能夠直接影響實際行為。當一個人透過行動獲得成功經驗時，這些經驗就會不斷強化自信，進而影響未來的抉擇。反之，若缺乏正面的回饋或被過度質疑，自信就容易動搖。

　　自信並不是盲目的自大，而是對於自己價值與能力的合理肯定。心理學家卡蘿·杜維克（Carol Dweck）的成長型心態理論指出，真正的自信來自於相信學習與努力的力量，而非固定的能力。這樣的心態能讓人更有韌性，面對挫折時，仍然保持自信，並願意持續嘗試。

　　決斷的力量則是自信的延伸。心理學家赫伯特·西蒙（Herbert Simon）認為，決斷是理性與直覺的結合。當自信支

第一章　夢想的力量

撐著內在信念時,決斷就能在複雜的選擇中脫穎而出。拿破崙・希爾強調,成功者往往具備迅速而果斷的決策力。因為世界充滿變動,若猶豫不決,就會錯失機會。

決斷需要建立在自我信任的基礎上。當一個人不斷懷疑自己的判斷力,就會陷入無止境的拖延與焦慮。心理學家貝瑞・史瓦茲(Barry Schwartz)在研究「選擇的悖論」時指出,過多的選項會讓人猶豫不決,反而降低滿意度。這提醒我們,決斷的能力,並非單純追求最完美的答案,而是學會在眾多選項中,選擇最符合當下價值觀的行動。

自信與決斷的關鍵在於內在的一致性。當一個人的價值觀與信念一致時,做出的決定通常更有力量。心理學家利昂・費斯廷格(Leon Festinger)提出認知失調理論,強調當信念與行為不一致時,會產生心理上的壓力。因此,持續地反思與調整信念,才能讓自信與決斷在行動中相輔相成。

在培養自信與決斷的過程中,行動扮演了決定性角色。拿破崙・希爾提醒我們,只有在行動中,才能真正體驗自信與決斷的力量。透過一次次的嘗試與修正,能逐漸累積小小的成功經驗。這些經驗會像磚塊一樣,構築出堅實的信念與決斷力。

自信與決斷也需要學會從失敗中學習。心理學家安琪拉・達克沃斯(Angela Duckworth)在堅毅力的研究中強調,

第七節　自信與決斷的力量

真正的堅毅來自於面對失敗時，仍然選擇再試一次。當我們在失敗中學會檢視原因，並且不把失敗當作否定自我的證明，就能在下一次的選擇中，做出更果斷的決定。

此外，自信與決斷的發展需要健康的人際互動。周遭的鼓勵與支持，能夠幫助我們在面對挑戰時，獲得力量。心理學家布芮妮・布朗（Brené Brown）發現，脆弱感的坦承與真誠，反而能增進自我價值的肯定。當我們願意在信任的人面前坦露脆弱，也是在證明自己值得被接納，這會進一步強化自信心。

總結來說，自信與決斷是一種相互交織的力量。自信讓人勇敢面對未知，而決斷則讓人能在複雜的情境中，找到最適合自己的路徑。拿破崙・希爾提醒我們，無論面對何種挑戰，保持內在的信任與果斷的態度，才能在不確定的世界中，創造屬於自己的成功。

第一章　夢想的力量

第八節　樂觀心態的培養

　　樂觀心態是一種積極面對生活挑戰的力量。拿破崙·希爾認為，樂觀心態是成功者共有的特質，因為它能夠轉化困境為機會，讓人更有韌性與行動力。心理學家馬汀·塞利格曼（Martin Seligman）在其著作《學習樂觀·樂觀學習》中指出，樂觀並非天生，而是一種可以學習與養成的思考模式。

　　樂觀心態的核心是對未來的正向期許。這種期許並非盲目的樂觀，而是基於理性分析後，仍選擇相信未來有轉機的可能。心理學家查爾斯·斯奈德（Charles Snyder）提出希望理論，認為「希望」結合了目標、動機與行動三個要素。樂觀心態能幫助我們在目標不明或路途艱難時，仍保持內心的盼望與努力。

　　培養樂觀心態首先需要覺察思考模式。當我們面對失敗或挫折時，是否習慣性地陷入負面解讀？馬汀·塞利格曼提出解釋風格的理論，說明悲觀者通常認為問題是永久且普遍的，而樂觀者則會視問題為暫時且具體的。透過改變解釋風格，我們可以逐步從悲觀走向樂觀，讓每一次挑戰都成為成長的契機。

　　第二，樂觀心態的養成需要正向自我對話。心理學家路易斯·科佐利諾（Louis Cozolino）強調，腦神經系統會受到

第八節　樂觀心態的培養

語言模式的影響。當我們用鼓勵與支持的語言對話自己時，會強化大腦中與積極行為相關的神經迴路。例如：每天提醒自己「我有能力面對挑戰」，能在潛意識中累積信念，轉化為行動的力量。

第三，感恩與欣賞的習慣能幫助培養樂觀心態。研究發現，持續記錄感恩清單的人，通常擁有更高的幸福感與更強的抗壓能力。心理學家羅伯特·艾蒙斯（Robert Emmons）提出，感恩的習慣能讓人重新看見生活中的美好，並從正面事件中汲取力量。每天花時間書寫感恩日記或欣賞生活中的小確幸，能逐步養成樂觀的心理態度。

樂觀心態不只是心理上的調整，也是一種具體的行動模式。當面對壓力時，主動尋找資源與解決方案，而非消極地退縮，是樂觀者的重要特質。心理學家班度拉（Albert Bandura）的自我效能理論指出，樂觀心態能增強個人的自我效能感，讓人更勇於採取行動，並在過程中找到自我價值。

同時，培養樂觀心態需要時間與耐心。改變思維習慣不可能一蹴可幾，它需要不斷練習與反思。心理學家卡蘿·杜維克（Carol Dweck）的成長型心態理論提醒我們，將挑戰視為學習的機會，而非失敗的證明，是走向樂觀的關鍵。每一次的困難，都可能成為內在力量的試煉。

第一章　夢想的力量

　　樂觀心態也需要良好的社會支持。研究顯示，與積極正向的人相處，能夠強化自己的樂觀信念。心理學家艾美・柯蒂（Amy Cuddy）指出，社交連結的品質會影響我們的自我認同與信心。參與支持性的社群活動、與正向朋友互動，都能讓人更容易維持樂觀的生活態度。

　　最終，樂觀心態是一種生活的藝術。拿破崙・希爾提醒我們，樂觀不代表否認現實，而是在現實中找到希望。當我們能在壓力下仍看見未來的光芒，就能在逆境中找到繼續前行的力量。樂觀不是逃避問題，而是積極尋找問題的解決方式，並在過程中發掘自己的堅韌。

第二章
明確的目標設定

第二章　明確的目標設定

第一節　目標的意義

目標是人生方向的基石，它為我們的行動提供明確的方向，並在面對挑戰時，給予持續前行的動力。拿破崙·希爾在其著作中強調：「目標是任何成就的起點。」這句話點出了目標的重要性：它不僅僅是我們渴望的結果，更是我們在日常生活中不斷努力與調整的過程。

目標具有多重層次的意義。從心理學角度來看，目標能給予人們意義感與目的感。心理學家維克多·弗蘭克（Viktor Frankl）在《活出意義來》中指出，人生的意義往往存在於目標與願景中。當人有明確的目標，便能在困境中找到方向，克服種種困難。這種目標感會成為內在的火種，持續驅動行動與自我超越。

目標也是自我成長的引擎。心理學家卡爾·榮格（Carl Jung）認為，人類的成長需要不斷探索自我，並朝向理想的自我邁進。目標便是這個過程的起點，幫助人們聚焦在自己真正想成為的人與真正想要的生活方式。透過設定目標，我們能夠檢視內心的渴望，進而將這些渴望轉化為具體可行的計畫。

然而，目標的意義不只是理論層面的，它還展現在行動中。心理學家愛德溫·洛克（Edwin Locke）提出的目標設定

第一節　目標的意義

理論強調,目標的明確性與挑戰性,會直接影響行動的動力與堅持度。當目標模糊時,人們容易陷入拖延與迷茫;當目標明確且具挑戰性時,行動力便會大幅提升。這也是許多成功人士的共同特徵:他們總是擁有清晰且具挑戰性的目標,並全力以赴。

目標還能引導我們建立優先順序。人生中的任務與挑戰繁雜而多元,若沒有明確的目標,往往容易被瑣事淹沒,失去對真正重要事物的專注。透過設定目標,我們能釐清哪些任務真正值得投入,哪些只是無關緊要的干擾。這種目標導向的思考模式,能幫助我們在有限的時間與精力中,取得最大的成效。

除了個人層面,目標也能促進人際關係的健康發展。心理學家丹尼爾·高曼(Daniel Goleman)強調,情緒智商(EQ)高的人,懂得設定目標並且與他人合作。當我們在生活中與他人分享目標,並共同協作時,不僅能強化人際連結,也能提升彼此的信任感與歸屬感。目標不只是個人的追求,它也能成為集體前進的動力。

目標的意義還表現在持久的滿足感上。短暫的快樂與目標帶來的深層滿足感是截然不同的。心理學研究顯示,達成目標後的滿足感,會帶來持久的幸福與自我肯定。這種來自內心深處的滿足感,是許多外在刺激無法取代的。當一個人

第二章　明確的目標設定

持續追求並實現目標時，他的生活會更有條理，也更有內在的滿足感。

然而，目標的設定與實現並不總是一帆風順。心理學家馬汀・塞利格曼（Martin Seligman）提醒我們，過高或不切實際的目標，可能反而成為壓力與焦慮的來源。因此，目標的意義不在於越大越好，而在於它是否符合自己的價值觀與人生階段。適度的挑戰性與真實的可行性，才是目標得以持續推動的關鍵。

在現代社會中，目標的意義也隨著環境與時代變化而不斷調整。面對快速變遷的時代，靈活調整目標、保持彈性與適應力，已成為現代人不可或缺的能力。拿破崙・希爾提醒我們，人生的方向雖然重要，但目標本身需要與現實互動，才能真正發揮力量。

最終，目標是人生旅程的導航。它幫助我們在迷霧中找到前行的道路，並在每一次的挑戰與突破中，獲得成長與滿足。拿破崙・希爾在《思考致富》中說過：「心中的願景，是人生的原動力。」這句話不僅是對目標力量的讚美，更是提醒我們：唯有擁有清晰目標，並在行動中不斷調整與堅持，才能讓夢想成為現實，讓人生更有方向與意義。

第二節　如何設定具體目標

　　設定具體目標是成功的重要起點。心理學家愛德溫・洛克（Edwin Locke）和蓋瑞・萊瑟姆（Gary Latham）在目標設定理論中指出，目標的明確性與具體化，會直接影響人們的行動力與堅持度。拿破崙・希爾也認為，目標只有在被具體化時，才能轉化為可實現的藍圖。許多人在生活中常陷入目標模糊的困境，導致行動力低落，最終無法達成理想狀態。因此，學會如何設定具體目標，成為成功的重要關鍵。

　　具體目標的第一步是明確化。明確的目標有清楚的指引性，能告訴我們「往哪裡去」與「要如何做」。例如：單純想著「我想成功」或「我想變得更好」，這樣的願望過於模糊，無法轉化為行動。而明確的目標則像：「我希望在一年內將我的英文能力提升到能流利溝通的程度，並參加一次國際會議。」這樣的目標包含明確的時間、範圍與成果標準，能更清楚地驅動行動。

　　目標設定的第二步是具體化。具體化的目標應該能被量化或有明確的標準。心理學研究顯示，具體目標能幫助大腦建立更清晰的藍圖，並激發出更多的行動動力。舉例而言，若想增強運動習慣，目標可以是「每週至少三天，進行三十分鐘的跑步訓練」。這樣的具體指標，能讓行動變得有跡可循，

039

第二章　明確的目標設定

並且能在每一次完成後獲得小小的成就感，累積內在的動機。

第三步是目標的挑戰性。目標不應過於簡單，否則缺乏推進的力量；也不應過於困難，否則容易引發放棄。理想的目標應該能在可行的範圍內，帶來適度的挑戰感。心理學家米哈伊・契克森米哈伊（Mihaly Csikszentmihalyi）提出的心流理論（flow）認為，當目標與能力達到平衡時，能激發出專注與投入的最佳狀態。目標的挑戰性，正是達到心流的必要條件。

第四步是目標的可衡量性。沒有衡量標準的目標，容易變成無法評估的空談。心理學家提出 SMART 原則（具體、可衡量、可達成、相關、時限），就是要讓目標更具操作性。透過設定明確的里程碑與成果指標，我們可以在過程中不斷調整步驟，並在實現的每一步獲得回饋，增強信心與堅持力。

第五步是將目標內化。目標若只是外在的要求，往往缺乏長期的驅動力。心理學家愛德華・德西與理察・瑞恩的自我決定理論指出，內在動機來自目標與個人價值的契合。當我們設定的目標與自己的信念、理想結合時，就能產生更深層的驅動力。這種內化的目標，不只是「我應該做」的壓力，而是「我想做」的熱情，讓人更願意持續投入。

第六步是分解目標。大目標需要被拆解成可執行的小步驟。這樣能降低心理壓力，也讓每一次的行動更有成就感。

第二節　如何設定具體目標

心理學家艾美・柯蒂（Amy Cuddy）提到，將大目標拆解為具體任務，能提升信心，讓挑戰看起來不再遙不可及。分解後的小步驟，能在每個階段都提供及時的回饋，強化行動的持久性。

最後，設定具體目標還需要保持彈性。環境與條件總是在變動，剛性的目標往往不適應現實的挑戰。彈性調整目標，並不代表放棄，而是讓目標與外界保持動態的對話。拿破崙・希爾提醒我們：「堅持原則，調整策略。」具體目標的彈性調整，正是行動能否長期持續的關鍵。

第二章　明確的目標設定

第三節　目標與計畫的整合

　　目標與計畫的整合，是將理想轉化為行動的關鍵橋梁。心理學家愛德溫・洛克（Edwin Locke）與蓋瑞・萊瑟姆（Gary Latham）在目標設定理論中指出，設定明確且具挑戰性的目標能提升動力，但若沒有配套的計畫，目標容易淪為空談。拿破崙・希爾同樣強調：「計畫是夢想落地的橋梁。目標若缺乏計畫，終將無法實現。」這句話點出了計畫的重要性：它是讓目標在現實中得以實現的行動藍圖。

　　計畫的本質在於將抽象的願景，轉化為具體可執行的步驟。設定目標後，我們必須針對目標拆解出各項具體任務，並為每個任務安排順序、設定時間與成果標準。這種將目標拆解為可行步驟的過程，能減輕面對大目標時的壓力，讓挑戰看起來更可達成。

　　計畫的第一個關鍵步驟，是將目標分解為階段性任務。心理學家艾美・柯蒂（Amy Cuddy）指出，將大目標分解為小任務，能提升執行的信心。每完成一個小任務，都能帶來即時的成就感，進一步強化信心與行動的持續力。這種階段性達成感，是長期堅持目標的關鍵。

　　第二，計畫需要明確的時間表。心理學家班度拉（Albert Bandura）在自我效能理論中提出，明確的時間安排能提

第三節　目標與計畫的整合

升自我效能感。若計畫沒有時間限制，容易讓行動拖延，失去推進的動力。透過設定具體的起始與截止時間，能有效縮短目標與行動之間的距離。

　　第三，計畫必須具備彈性。拿破崙・希爾提醒我們：「堅持原則，調整策略。」在實現目標的過程中，總會遇到不可預測的挑戰與變數。彈性的計畫能讓我們因應外界變動，調整步驟與節奏，確保最終仍能朝向目標前進。心理學家卡蘿・杜維克（Carol Dweck）的成長型心態理論同樣強調，能適應環境變化、學會修正與調整，才是持久成功的要素。

　　第四，計畫的落實需要行動驗證。心理學家唐納德・梅金鮑姆（Donald Meichenbaum）指出，行動是檢視計畫有效性的最佳方式。透過實際執行，能檢驗哪些部分可行、哪些需要修正。這種「行動－反思－調整」的循環，能不斷優化計畫，讓它更貼近現實需求。

　　第五，計畫的可量化標準是檢視進度的工具。目標的具體化需要量化的成果指標，計畫同樣如此。心理學研究發現，具體可衡量的成果指標能提升動機與執行力。舉例而言，若目標是學習一項新技能，計畫中應設定每週或每月的學習時數與進度檢視，確保持續推進。

　　第六，計畫需要結合內在驅動力。心理學家德西與瑞恩的自我決定理論強調，當行動與內在價值一致時，會產生更

第二章　明確的目標設定

　　深層的持久力。這意味著，計畫不只是外在約束，而是與個人信念結合的路徑。當我們真心認同目標與行動的意義，計畫就會成為自我實現的重要工具，而非被迫執行的枷鎖。

　　最後，計畫與目標的整合，還需要不斷地檢視與更新。目標與環境會隨時間變動，計畫也必須與之呼應。心理學家菲利普・津巴多（Philip Zimbardo）的時間觀理論指出，對未來有正向期待的人，會更積極安排當下的行動。持續檢視與更新計畫，能讓我們在變動中保持方向感，並在每個時期都能找到行動的意義。

　　總結來說，目標與計畫的整合，是實現夢想的重要基礎。拿破崙・希爾提醒我們，成功從來不是偶然，而是目標與行動的持續對話。當我們學會設定具體目標，並結合具體可行的計畫，夢想就不再只是幻想，而是一步步得以實現的現實。

第四節　目標的階段性設計

　　目標的階段性設計，是將長遠目標拆解成可行步驟的重要策略。心理學家愛德溫·洛克（Edwin Locke）與蓋瑞·萊瑟姆（Gary Latham）指出，具體且適度具有挑戰性的目標能激發行動力，但若目標過於龐大或模糊，往往會讓人感到畏懼與無力。拿破崙·希爾強調：「成功的路上，階段性的小目標是最好的路標。」這道出了階段性設計的重要性——它讓目標從遙不可及的願景，轉化為腳踏實地的行動路徑。

　　目標的階段性設計，首先是降低心理壓力的工具。當我們面對龐大的長期目標，可能會因為目標的遙遠與不確定性而感到焦慮與畏縮。透過階段性拆解，我們能將大目標拆成一系列小步驟，每次只專注於當下的任務。心理學家艾美·柯蒂（Amy Cuddy）指出，這種「切割挑戰」的方式，能幫助人維持信心，並在每一次的完成中獲得即時回饋，進一步累積行動的慣性。

　　階段性設計還能提升目標的彈性與調整空間。拿破崙·希爾提醒我們，人生充滿變數，目標不可能一成不變。透過階段性的設計，我們能更靈活地根據外在環境或內在狀態，及時調整下一步的行動計畫。這種彈性，不僅能確保目標與現實的契合，也能避免因外在變化而放棄整個目標。

第二章　明確的目標設定

　　此外，階段性設計有助於強化自我效能感。心理學家亞伯特・班度拉（Albert Bandura）在自我效能理論中指出，成功的經驗會不斷累積自我信念。每當我們完成一個階段性目標，就等於向自己證明：「我做得到。」這種信念的累積，會在未來遇到挑戰時，成為心理韌性的基礎。

　　階段性目標的設計，也需要明確的標準與時間表。心理學家丹尼爾・高曼（Daniel Goleman）認為，情緒管理與自律的基礎，來自清楚的計畫與紀律。當我們為每個階段性目標設定明確的成果指標與完成時間，便能在實踐中避免拖延與模糊，增強行動的專注力與執行力。

　　舉例來說，若一個人設定目標是「三年內完成碩士學位」，這是一個宏大的目標，可能讓人感到遙遠而缺乏動力。若能將它拆解為「第一年完成必修學分、第二年完成論文計畫、第三年專注論文與實習發表」，並再細分為每學期的學習任務，就能讓每一步看起來更實際與可操作。這樣的階段性設計，會讓學習的過程更有條理，也能在每次達成時獲得成就感。

　　階段性設計還需要與個人的價值觀與動機相契合。心理學家德西與瑞恩的自我決定理論指出，當目標與內在價值一致時，能產生更深層的內在動力。將大目標拆解成階段性步驟時，也應該回到「我為什麼要這樣做」的核心問題。這樣

第四節　目標的階段性設計

的自我覺察,能避免在階段性任務中迷失,保持整個目標的一致性與意義感。

持續的反思與調整,是階段性設計的重要補充。心理學家唐納德‧梅金鮑姆(Donald Meichenbaum)提出,自我對話與反思是改變行為的核心。每當完成一個階段性目標後,花時間檢視過程中的收穫與不足,有助於下一階段目標的優化。這種「反思－調整－再行動」的循環,能讓目標實現過程更符合實際需求。

最後,階段性設計也是克服挫折的重要策略。心理學家馬汀‧塞利格曼(Martin Seligman)提醒我們,悲觀的思維往往在遇到困難時放棄。階段性目標能在逆境中,讓人保持前行的動力,因為每一小步都看得見、摸得著,讓人有信心面對挑戰。

總結而言,目標的階段性設計,不僅讓目標更可行,更讓人在實現夢想的路上,有明確的指引與心理支持。拿破崙‧希爾提醒我們,成功並非一蹴可幾,而是一步步踏實累積的成果。唯有透過階段性的設計與持續的調整,才能讓目標成為實踐中的助力,而不是空談的負擔。

第二章　明確的目標設定

第五節　目標的彈性調整

　　目標的彈性調整，是持續成長與適應的重要關鍵。拿破崙・希爾強調：「偉大的計畫，從來不是一成不變的。」目標的確定與堅持固然重要，但在瞬息萬變的世界裡，唯有懂得靈活調整與修正，才能讓目標長期發揮力量，並與現實環境保持動態契合。

　　心理學家卡蘿・杜維克（Carol Dweck）的成長型心態理論，正是目標彈性調整的重要理論依據。她認為，成長型心態的人，視挑戰與挫折為學習的機會，而非失敗的證明。這種心態能讓人保持開放心態，願意在目標的實踐過程中，根據環境與條件的變化，不斷調整與優化目標。

　　目標的彈性調整，首先是對現實的覺察。心理學家丹尼爾・高曼（Daniel Goleman）指出，情緒智商（EQ）的核心之一，就是現實覺察。只有當我們誠實面對外在的限制與挑戰，才能從實際出發，調整原有的計畫。許多人在面對變動時，因為不願意面對現實，堅持過時的目標，最終反而陷入挫折與迷失。

　　彈性調整需要勇於面對不確定性。拿破崙・希爾提醒我們，人生中最可貴的資產之一，就是擁有「不怕改變」的心態。面對快速變動的社會與科技發展，目標的可行性

第五節　目標的彈性調整

隨時可能受到挑戰。心理學家亞伯拉罕・馬斯洛（Abraham Maslow）在其理論中提到，人的成長是動態的，目標若不能與內在需求與外在環境同步成長，便無法發揮真正的動力。

彈性調整並非代表放棄原本的方向，而是為了確保目標在新的環境下，仍具有實踐的可能。心理學家貝瑞・史瓦茲（Barry Schwartz）研究指出，過多的選擇可能造成選擇困難，但若能透過反思，刪除不適合的選項，則更能專注於真正符合現實與內心需求的目標。

目標的彈性調整，也涉及目標層級與優先順序的再檢視。心理學家史蒂芬・柯維（Stephen Covey）在《與成功有約》中強調，目標需要「先重要，後緊急」的思維。當我們靈活調整目標時，也要確保調整後的目標，依然符合真正重要的價值觀，而非被外在壓力與短期誘因牽著走。

此外，目標的彈性調整還與內在動機緊密結合。心理學家愛德華・德西（Edward Deci）與理察・瑞恩（Richard Ryan）的自我決定理論指出，內在動機來自於目標與自主性、勝任感與連結感的結合。當我們發現原有目標與內在需求不再契合時，勇於重新設定目標，反而能增強內在動力，讓行動更有意義。

彈性調整也需要策略性的反思。心理學家唐納德・梅金鮑姆（Donald Meichenbaum）指出，面對外界挑戰與壓力，

第二章　明確的目標設定

　　學會用自我對話檢視目標的合理性，是保持心理健康的關鍵。自我對話能幫助我們從焦慮中抽離，重新看見目標的價值與意義，並且更冷靜地調整策略。

　　舉例而言，當一個企業面臨市場變動，若堅持原本的年度銷售目標而不做調整，可能反而導致資源浪費或組織內部壓力過大。相反地，透過與團隊持續對話，依據市場與資源狀態彈性調整銷售策略，才能在變動中保持競爭力。個人目標亦然，當外部條件改變時，適時調整目標，能避免自我懷疑與焦慮，保持行動的穩定性。

　　總結來說，目標的彈性調整不代表放棄，而是成長與適應的表現。拿破崙・希爾告訴我們，目標是通往夢想的地圖，但真正走向夢想的路，從來都需要根據現實不斷修正與調整。唯有保持目標的彈性，才能讓每一步的行動都與內在熱情與外在需求緊密契合，讓人生的旅程更踏實、更有力量。

第六節　目標的可量化標準

　　目標的可量化標準，是將抽象的夢想轉化為可執行計畫的關鍵。拿破崙・希爾指出：「沒有具體衡量標準的目標，只是一種願望，而非真正的行動指南。」這句話點出了量化在目標實現中的重要性。心理學家愛德溫・洛克（Edwin Locke）與蓋瑞・萊瑟姆（Gary Latham）的目標設定理論中，也明確指出，可衡量的目標更能激發人們的持續行動力與專注力。

　　量化的目標讓人更清楚地看見「達成」的具體面貌。當目標能被具體數據或明確指標描述時，能有效降低模糊性，讓行動更聚焦。例如：若目標是「提升身體健康」，這過於抽象，難以衡量。若改為「每週運動三次，每次四十分鐘」或「半年內將體脂肪率降低兩個百分點」，就成為了可量化的目標，並且讓行動有依據。

　　可量化標準的另一個優點，是讓目標的進度能被追蹤。心理學家班度拉（Albert Bandura）在自我效能理論中指出，持續的回饋與自我監督，是增強自我效能感的關鍵。當我們能清楚知道自己目前在哪個階段、還差多少，便能根據現實狀況調整步驟，並在每一次的進步中獲得成就感。

　　可量化標準也能提升目標的可達成性。心理學家愛德華・德西（Edward Deci）與理察・瑞恩（Richard Ryan）提出，

第二章　明確的目標設定

　　自主性與勝任感是驅動人行動的重要元素。當目標明確可量化時，能讓人感受到控制感，增強行動的動機。反之，模糊不清的目標容易讓人感到挫折與無力，因為無從判斷自己的進度與成果。

　　此外，量化標準有助於外部評估與溝通。無論在個人生活或工作場合，明確的數據能讓他人清楚理解你的進度與成果，也更容易獲得支持與合作。心理學家艾美・柯蒂（Amy Cuddy）在領導力研究中發現，能以明確的數據說明目標，通常能增強團隊信任與合作氛圍。

　　可量化標準的設定，必須結合目標本身的性質與環境現實。心理學家馬汀・塞利格曼（Martin Seligman）提醒我們，若量化標準過於理想化，反而會造成焦慮與挫折感。量化的標準應該既具挑戰性，又要符合實際可行性，才能在推進目標的同時，維持心理平衡與持久的行動力。

　　設定量化標準時，可以運用「SMART 原則」——具體（Specific）、可衡量（Measurable）、可達成（Achievable）、相關性（Relevant）與時限（Time-bound）。這五大原則能幫助我們檢視目標是否具備可行性與操作性，並讓量化標準不流於表面，而是真正成為行動的指南。

　　舉例而言，若目標是「提升英語能力」，可量化標準可能是「在半年內完成三十篇英文文章閱讀並寫出心得」，

第六節　目標的可量化標準

或是「每週參加一次英語會話課程，並在課後錄音自我檢視」。這樣的標準，不僅明確，也能透過記錄與成果分享，帶來實際可觀的進步。

然而，量化標準的設定也需要持續的檢視與調整。拿破崙·希爾提醒我們，目標是動態的，量化標準也應隨著實際情況與學習的進步適度修正。這種彈性調整，能避免目標僵化，保持與現實需求的連結。

總結來說，目標的可量化標準，是讓夢想走向實現的具體步驟。當我們能用具體數字與明確指標為目標「賦形」，行動就會更有力，也更能持續不斷地向前推進。拿破崙·希爾提醒我們，成功從來不只是憧憬，而是結合明確的數字、行動與堅持，才能真正實現人生的藍圖。

第二章　明確的目標設定

第七節　目標的內在驅動力

　　目標的內在驅動力，是持續追求夢想的最深層動能。拿破崙·希爾認為，真正的成功不僅僅取決於外在條件，更取決於個人內心的熱情與信念。這種驅動力，是在面對挫折與挑戰時，能夠堅持下去的核心原因。心理學家愛德華·德西（Edward Deci）與理察·瑞恩（Richard Ryan）在自我決定理論中指出，內在驅動力來自自主性、勝任感與連結感，當目標與這三者結合時，能產生深遠而持久的行動力。

　　內在驅動力與外在誘因的不同在於，它不是基於外界的獎勵或壓力，而是來自內心的渴望與自我實現的需求。心理學家亞伯拉罕·馬斯洛（Abraham Maslow）在需求層次理論中，將自我實現置於金字塔的頂端，強調當人的基本需求被滿足後，會追求更高層次的自我實現與意義感。目標的內在驅動力，正是這種自我實現的力量來源。

　　這種驅動力不僅能維持行動的持久性，還能讓人在挑戰中找到樂趣與滿足。心理學家米哈伊·契克森米哈伊（Mihaly Csikszentmihalyi）的「心流理論」指出，當人全心投入在一項有挑戰的任務中，並能感受到自己的能力足以應對時，會進入一種高度專注與滿足的狀態。這種心流體驗，正是內在驅動力的最佳證明。

第七節　目標的內在驅動力

要培養目標的內在驅動力，第一步是深度自我覺察。心理學家丹尼爾・高曼（Daniel Goleman）認為，情緒智商的核心是覺察與管理自己的情緒與目標。透過靜心反思與自我對話，我們能釐清哪些目標是真正源自內心的渴望，哪些則是外在環境或他人期待的投射。唯有將目標與內心深處的渴望對接，才能引發源源不絕的行動力。

第二步是賦予目標更高的意義。心理學家維克多・弗蘭克（Viktor Frankl）在《活出意義來》中指出，人類能夠在最艱難的處境中生存，靠的就是對目標的意義感。當我們將目標與自己的人生價值或對他人的貢獻結合時，內在驅動力會更加深刻而持久。舉例而言，將運動目標與「成為更健康的自己，陪伴家人更長久」連結，會比單純追求外型改變更能激發動力。

第三步是行動中的即時回饋。心理學家亞伯特・班度拉（Albert Bandura）強調，自我效能感是內在驅動力的重要來源。當人們能夠透過行動看到階段性的成果，會進一步強化對自己能力的信心。這種自我驗證的過程，會在心中累積出強大的驅動力，讓人更願意持續投入與挑戰。

此外，內在驅動力的培養還需要與社會支持相輔相成。心理學家布芮妮・布朗（Brené Brown）研究發現，真誠的人際連結能增強自我價值感，間接提升內在驅動力。當我們身

第二章　明確的目標設定

邊有支持性的人際關係,能在挫折時提供情感支持與建設性回饋,這種環境會讓內在驅動力更穩固。

面對外在壓力與誘惑,內在驅動力能幫助人保持專注與平衡。心理學家馬汀・塞利格曼(Martin Seligman)在樂觀心理學的研究中強調,樂觀的思維與內在動力密不可分。當人以正向的態度面對挑戰,能在失敗中看到學習與成長的機會,而非將失敗視為自我價值的否定。

舉例而言,許多長跑運動員在訓練與比賽中,都依賴內在驅動力維持專注與毅力。外在的成績固然重要,但最終驅動他們日復一日訓練的,是內心對突破自我、挑戰極限的熱情。這種內在的呼喚,遠比外在獎盃更能讓人持續堅持。

總結而言,目標的內在驅動力,是目標能否長期落實的關鍵。拿破崙・希爾提醒我們,真正的行動力,從來不只是外在的驅策,而是內在意義與渴望的結合。當我們願意花時間與自己對話,找到目標的深層意義,並將它與日常行動連結起來,就能在外界變幻莫測的挑戰中,仍然保持一顆堅定的心,並讓每一步都更有力量與意義。

第八節　目標實現的追蹤

　　目標實現的追蹤是確保夢想得以實現的最後一環。拿破崙・希爾認為：「目標的確定與計畫的制定，若缺乏持續的追蹤，就像沒有航海圖的船，終將迷失方向。」心理學家愛德溫・洛克（Edwin Locke）與蓋瑞・萊瑟姆（Gary Latham）在目標設定理論中也強調，持續的回饋與監督，能顯著提升目標達成率。追蹤不只是檢視進度，更是一種自我覺察與動力強化的過程。

　　目標的追蹤首先需要建立明確的監督機制。心理學家班度拉（Albert Bandura）指出，行動的持續性，往往取決於外部環境與內部認知的相互作用。具體而言，目標的監督機制包括記錄進度、設定里程碑以及定期回顧。這些具體的行為，能讓人更清楚知道自己在什麼位置，並且調整行動策略，確保持續朝向目標前進。

　　持續追蹤還能增強自我效能感。心理學家愛德華・德西（Edward Deci）與理察・瑞恩（Richard Ryan）的自我決定理論指出，當人們能透過自我監督看見進步時，會感受到更強的勝任感與控制感，這些都是內在驅動力的來源。每當我們看見自己一步步接近目標，便能獲得源源不絕的動力，並且強化對未來的信心。

第二章　明確的目標設定

　　追蹤目標還能協助調整策略與方法。目標不是靜態的,隨著外在環境與內在經驗的累積,行動計畫也應該適時調整。心理學家唐納德・梅金鮑姆(Donald Meichenbaum)指出,反思與自我對話是自我監督的核心。定期檢視目標的進展與策略,能幫助我們在失敗中找出學習機會,避免重複同樣的錯誤。

　　具體的追蹤工具多元而彈性。傳統的紙本筆記、數位筆記應用程式或專業的專案管理工具,都能協助我們記錄進度與思考模式。心理學家艾美・柯蒂(Amy Cuddy)在研究中指出,透過視覺化的進度追蹤,如進度條、甘特圖等,能讓目標的「可見化」更有力,進而激發行動的慣性。

　　追蹤也與自我肯定息息相關。當我們在行動中看見小小的進步,心理學家馬汀・塞利格曼(Martin Seligman)提醒我們,要學會慶祝每一個小勝利。這種自我肯定,能在逆境中帶來希望,並且提醒自己:「我有能力克服挑戰。」這種態度,會轉化為面對更大目標時的底氣與勇氣。

　　然而,追蹤也需要避免過度自我批評。心理學家卡蘿・杜維克(Carol Dweck)提醒我們,成長型心態的核心是學習與調整,而非完美主義。追蹤的目的,不是證明自己是否完美達成目標,而是持續調整並靠近理想。當我們用成長的角度看待追蹤,就能在行動中保持彈性與正向態度。

第八節　目標實現的追蹤

　　舉例來說，若一個人設定「一年內學會日語中級會話」，他可以透過每月檢視學習進度、檢視單字量與聽力能力，並在遇到瓶頸時，調整學習方式或增加練習時間。這種彈性的追蹤與調整，會讓學習過程不再只是任務，而是持續進步與自我成長的旅程。

　　總結而言，目標的追蹤，是目標從紙面到現實的關鍵。拿破崙·希爾提醒我們，成功的關鍵不只是設定目標，而是持續地監督與修正。當我們學會用正向、彈性的態度看待追蹤，並在每一次小小的進步中找到信心與動力，人生的目標就不再遙遠，而是一步步變成日常的行動與習慣。

第二章　明確的目標設定

第三章
信念的基石

第三章　信念的基石

第一節　信念的定義

信念,是人類心靈最根本的驅動力。拿破崙・希爾認為,信念是一種信任和堅定的態度,將心中渴望的目標視為可能並值得追求的真實感。心理學家威廉・詹姆斯（William James）則說:「人類最大的發現之一,是一個人能藉由改變信念,改變他的人生。」這句話點出了信念在塑造人生過程中的關鍵角色。

信念,並非僅僅是口頭承諾或表面的信心。它是一種深藏於潛意識的力量,持續影響著一個人的行為模式、情緒反應以及應對挑戰的方式。心理學家亞伯特・班度拉（Albert Bandura）的自我效能理論認為,信念是一種對自我能力的肯定與期待,能激勵人面對挑戰、堅持行動。

在心理學中,信念通常被視為一種認知結構,是人們對世界、對他人、對自己形成的態度與看法。它不是與生俱來的,而是透過生活經驗、社會互動與自我對話累積而成。信念的養成,往往與童年經驗、教育環境以及自我覺察息息相關。正因如此,每個人的信念體系都是獨一無二的。

信念可以分為正向信念與負向信念。正向信念使人看見機會、發揮潛力,而負向信念則容易讓人陷入懷疑與焦慮。心理學家馬汀・塞利格曼（Martin Seligman）在樂觀心理學中

第一節　信念的定義

指出,樂觀者與悲觀者最大的差異,便是信念的不同。樂觀者傾向相信自己有能力改變現狀,悲觀者則容易認為挑戰無法克服。

信念也是一種選擇。它源自於人類獨特的自我反思能力。當面對未知與不確定性時,人們往往會透過信念賦予生活意義與方向。心理學家維克多·弗蘭克(Viktor Frankl)在《活出意義來》中提到,信念是人們在逆境中保持尊嚴與希望的基礎。正因如此,信念不僅是一種心理現象,更是一種生命哲學。

然而,信念並非總是理性或正確。它可能受到情緒、偏見或外部影響的扭曲。心理學家利昂·費斯廷格(Leon Festinger)提出認知失調理論,說明當信念與行動不一致時,人會產生心理衝突。這種衝突往往促使人重新調整信念或行動,以達到內心的一致性。這也說明了信念並非固定不變,而是可隨經驗與學習不斷修正。

信念的力量在於它能轉化為行動。拿破崙·希爾強調,信念能成為夢想的燃料,將抽象的願景轉變為具體的計畫與行動。當一個人深信自己有能力克服挑戰,這種信念會在行動中逐漸被證實,並不斷強化自我效能感。反之,缺乏信念的人,容易在遇到挫折時退縮,甚至放棄。

第三章　信念的基石

　　信念也具有社會層面的影響。心理學家艾美‧柯蒂（Amy Cuddy）在其研究中發現，信念不僅影響個人行為，還會影響他人的態度與反應。當一個人展現自信與堅定信念時，往往能吸引更多的合作與支持。這種正向的社會互動，會進一步強化個人的信念，形成良性的正向循環。

　　在生活中，信念表現在無數小細節。無論是日常的選擇、工作中的堅持，還是面對挑戰時的態度，都是信念的具體呈現。心理學家丹尼爾‧高曼（Daniel Goleman）強調，情緒智商高的人，懂得覺察並調整信念，讓信念成為推動生活的正向力量。

　　總而言之，信念的定義遠超過「我相信」這三個字。它是人類面對世界時的內在指南，是行動與目標的起點。拿破崙‧希爾提醒我們，唯有深刻理解並持續修正信念，才能讓它成為人生旅程中最穩固的基石。

第二節　信念的心理基礎

　　信念的心理基礎，是人類行為與情感運作的重要支柱。拿破崙・希爾認為，信念是內在潛力的點燃器，能將模糊的渴望轉化為具體的行動力。心理學家威廉・詹姆斯（William James）則進一步指出，信念是一種深層的心理結構，影響著個人的選擇、態度與人生結果。了解信念的心理基礎，能幫助我們更有效地培養正向信念，並在逆境中保持堅韌。

　　信念源自於早期的學習與社會化過程。心理學家亞伯特・班度拉（Albert Bandura）提出社會學習理論，強調人類透過觀察與模仿他人的行為，形成對世界與自我的基本看法。這些看法便是信念的雛形，從童年時期的家庭環境、學校教育，到後來的人際關係，都會在潛移默化中塑造個人的信念系統。

　　情緒與信念的交互作用也是心理學關注的核心。心理學家丹尼爾・高曼（Daniel Goleman）在情緒智商理論中指出，情緒經驗會強化或弱化信念。當一個人多次在挑戰中獲得正向回饋，便會逐步建立起「我做得到」的信念；反之，若多次受挫，便可能養成「我不行」的限制性信念。這種情緒記憶與信念的相互強化，說明了信念不只是理性選擇，更是情感經驗的累積。

第三章　信念的基石

　　信念的心理基礎還包括自我效能感。班度拉的研究顯示，當一個人相信自己有能力面對挑戰時，會產生更高的自我效能感。這種信念，不僅讓人在行動中更有信心，也能增強應對困境的心理韌性。自我效能感高的人，通常能把壓力視為挑戰，而非威脅；他們更願意嘗試新的行動，並從失敗中學習與成長。

　　心理學家卡爾・榮格（Carl Jung）則從深層心理的角度看待信念，認為信念是集體無意識與個人潛意識的交織。每個人在成長中，都會接觸到社會的價值觀與文化信仰，這些集體的信念框架，會影響個人的世界觀。當個人信念與集體信念契合時，能帶來強烈的安全感與歸屬感；反之，若與主流價值觀衝突，便可能產生心理矛盾與內在衝突。

　　信念也與認知偏差密不可分。心理學家亞倫・貝克（Aaron Beck）在認知行為療法中，闡述了信念與自動思考的關聯。當一個人形成特定信念後，會傾向於解讀外界事件時，選擇符合該信念的證據。這種「確認偏差」讓信念自我強化，逐漸變得根深蒂固。這說明了信念並非完全理性，而是帶有情緒色彩與認知習慣的複合體。

　　信念的心理基礎，也展現在人類對未來的預期上。心理學家菲利普・津巴多（Philip Zimbardo）在時間觀理論中指出，對未來的正向想像，能讓人更有方向感與動力。當一個

第二節　信念的心理基礎

人深信未來有希望,便更願意付出行動;若缺乏這種信念,則容易陷入無助與放棄。

信念還需要社會支持的滋養。心理學家布芮妮·布朗(Brené Brown)在研究脆弱感與人際連結時發現,真誠的社會互動能強化信念。當一個人被支持與肯定,信念會變得更堅固;反之,孤立無援的環境容易讓信念動搖。這也是為什麼正向的人際圈與支持性社群,對於信念的養成與維持至關重要。

最後,信念的心理基礎與價值觀密不可分。心理學家史蒂芬·柯維(Stephen Covey)認為,目標與信念若與核心價值觀相符,會產生更深層的行動力。當信念背後有清晰的價值依據時,能在面對誘惑與壓力時保持一致性。這種一致性,不僅是信念的穩定基礎,也是持久行動的來源。

總結而言,信念的心理基礎是多元且動態的。它根植於童年的經驗、情緒的力量、認知的模式與社會的影響。拿破崙·希爾提醒我們,信念並非偶然的選擇,而是日積月累的心理結果。唯有深入了解這些基礎,並在生活中持續覺察與修正,才能讓信念真正成為面對挑戰的堅實基石。

第三章　信念的基石

第三節　如何培養強大信念

　　信念是人類最深層的心理力量之一，它決定了人們如何看待世界、如何面對挑戰，以及如何實現夢想。拿破崙・希爾認為：「信念是成功之母，唯有透過持續培養，才能將夢想化為行動。」然而，信念並非與生俱來，而是一種可以後天學習與培養的心理素質。心理學家亞伯特・班度拉（Albert Bandura）也指出，信念的形成與自我效能感密切相關，且能透過行動與反思不斷加強。以下將探討培養強大信念的多元面向與實踐策略。

　　首先，培養強大信念的第一步是自我覺察。心理學家丹尼爾・高曼（Daniel Goleman）在情緒智商理論中指出，自我覺察是調整信念的基礎。透過靜心反思與誠實面對自己的情緒與想法，我們能辨識出哪些信念是來自外界的壓力或他人期望，哪些是真正源自內心的渴望。這種辨識與釐清，是讓信念更真實、更貼近自我的重要步驟。

　　第二，正向思考是信念養成的養分。心理學家馬汀・塞利格曼（Martin Seligman）認為，樂觀的態度能讓人更有韌性，面對失敗時不輕言放棄。透過每日的正向自我對話，例如「我有能力面對挑戰」或「每一次努力都讓我更靠近目標」，能在潛意識中重塑信念結構。這種日積月累的正向思

第三節　如何培養強大信念

考，會逐漸在內心累積出堅不可摧的信念基礎。

第三，行動是信念的試金石。心理學家班度拉強調，實際的行動能強化信念，因為每一次成功經驗，都是對自我能力的驗證。當我們願意邁出第一步，哪怕只是小小的行動，也能在結果中獲得回饋，強化對目標可行性的信念。這也是為什麼拿破崙・希爾說：「信念需要在行動中不斷被驗證與鞏固。」

第四，設定具體目標與計畫，是信念穩固的重要途徑。心理學家愛德溫・洛克（Edwin Locke）的目標設定理論指出，明確且有挑戰性的目標，能激發人們的行動動力。當目標被拆解為清楚的步驟與成果指標時，信念不再只是抽象的信仰，而是能在每日實踐中被確認與強化的具體指引。

第五，環境支持在信念養成中扮演著不可或缺的角色。心理學家布芮妮・布朗（Brené Brown）強調，真誠且充滿信任的人際關係，能夠成為信念成長的沃土。與積極正向的人交往，能讓我們從他人的鼓勵與肯定中，獲得心理能量。相反地，長期處在負面或批評的環境，容易動搖信念，甚至讓人失去行動的勇氣。

第六，學習與知識的累積也是培養強大信念的關鍵。心理學家卡爾・榮格（Carl Jung）認為，知識能開闊眼界，讓人看見更多可能性。當我們持續學習新知，會發現過去認為不

第三章　信念的基石

可能的事,往往只是因為缺乏經驗或視野受限。學習讓信念更有根基,並且更具彈性與包容力。

第七,定期檢視與修正信念,是讓信念持久且與時俱進的必要條件。心理學家唐納德・梅金鮑姆(Donald Meichenbaum)提出,自我對話與反思是持續改進的重要工具。每當我們發現信念不再適應新的環境或階段,學會適度調整與更新,才能讓信念在變化中持續成長。

舉例而言,運動員在備賽過程中,常透過賽事檢視與教練回饋,重新確認信念與行動的一致性。企業家在面對市場變化時,也會透過策略回顧,調整方向,讓信念與行動始終保持連結。這種「不斷反思－調整－強化」的循環,正是強大信念養成的真實寫照。

總結來說,強大信念的培養是一個結合自我覺察、正向思考、行動驗證、環境支持與知識學習的動態過程。拿破崙・希爾提醒我們,信念不是與生俱來的,而是需要在行動與經驗中被反覆塑造與強化。當我們願意主動投入這個過程,並且在每一次的挑戰中都學習並成長,信念就會成為推動我們走向卓越的持久力量。

第四節　信念與行動的連結

　　信念與行動的連結，是目標得以實現的重要橋梁。拿破崙·希爾在《思考致富》中指出：「唯有將信念付諸行動，才能成就任何偉大的夢想。」這句話深刻揭示了，信念若無法與行動結合，最終仍只是一種抽象的心理活動。心理學家亞伯特·班度拉（Albert Bandura）也強調，自我效能感——即對自身能力的信念，是推動行動的根本動力。

　　信念與行動的連結，首先展現在信念為行動提供了方向感。當一個人深信自己的目標值得追求，並且相信自己有能力達成時，行動的每一步就會變得更有意義。心理學家威廉·詹姆斯（William James）曾說：「信念決定了一個人將如何看待世界，並由此塑造他的行動。」這句話說明了，信念是行動的指南針，讓人能在眾多選擇中，做出與內在價值最契合的決定。

　　第二，信念能強化行動中的心理韌性。心理學家馬汀·塞利格曼（Martin Seligman）指出，當人們在行動過程中遭遇挫折與壓力時，正向的信念能幫助他們保持樂觀，並從挑戰中看到學習與成長的機會。反之，若缺乏信念，遇到困難時便容易產生自我懷疑與逃避，讓行動力逐漸衰退。

第三章　信念的基石

　　第三，行動本身也能反過來強化信念。心理學家唐納德・梅金鮑姆（Donald Meichenbaum）認為，行動是驗證與塑造信念的工具。當人們透過行動獲得實際的回饋與成功經驗時，會在心理上累積出「我做得到」的證據，進而強化對自己的信念。這種「行動－成功－信念強化」的循環，是目標得以持續推進的重要動力。

　　具體而言，將信念與行動連結起來，需要明確的目標設定與計畫。心理學家愛德溫・洛克（Edwin Locke）的目標設定理論指出，目標的明確性與挑戰性，能顯著提升行動力。當信念清楚指引行動的方向，並且透過具體目標的拆解，行動就會不再是盲目的嘗試，而是有策略、有計畫的積極實踐。

　　此外，行動中的反思與調整，也是信念與行動連結的關鍵。心理學家卡蘿・杜維克（Carol Dweck）提出成長型心態，強調在行動過程中，學會將失敗視為學習的契機，而非自我價值的否定。當信念能在每一次挫折中被重新確認與調整，就能在行動的持續累積中，變得更加堅韌與靈活。

　　信念與行動的連結，也展現在環境與人際互動中。心理學家布芮妮・布朗（Brené Brown）研究發現，正向的社會支持與良好的人際關係，能強化信念，並為行動提供持續的動力。當我們與支持自己的人為伍，能在挑戰中獲得肯定與鼓勵，這種正向的回饋會強化信念，並讓行動更有持久力。

第四節　信念與行動的連結

　　舉例而言，一位正在創業的年輕人，若內心深信自己的產品能改善人們的生活，這種信念會讓他在資金壓力與市場挑戰下，仍然堅持投入行動。當他透過市場調查、產品改進與顧客回饋，不斷在行動中獲得正向訊號，信念就會被進一步強化，並轉化為更有力的行動。這樣的正向循環，是所有成功案例背後的重要心理機制。

　　總結而言，信念與行動的連結，是人生成功的根本。拿破崙·希爾提醒我們，信念不是口號，而是需要在行動中被反覆驗證與深化的內在力量。唯有當信念真正轉化為日常生活中的實際行動，並在每一次挑戰中被重新確認，才能成為面對世界時最堅實的基礎。

第三章　信念的基石

第五節　信念的持久性

　　信念的持久性，是衡量一個人能否在長期挑戰中維持動力與方向的關鍵。拿破崙・希爾認為，成功者與失敗者的最大差異，往往不在於能力或機會，而在於是否能夠在逆境與長期的考驗中，保持穩定而持久的信念。心理學家馬汀・塞利格曼（Martin Seligman）在樂觀心理學中同樣強調，信念的持久性是抗壓韌性的核心，能幫助人從逆境中找到重新出發的力量。

　　信念之所以能持久，背後有其深層的心理學基礎。心理學家亞伯特・班度拉（Albert Bandura）提出，自我效能感是行動與信念持久性的關鍵。當人們能從過往的行動中獲得正向回饋，這些經驗會在潛意識中累積成對自身能力的信任。這種信念，成為面對未知與風險時的心理後盾。

　　然而，信念的持久性不僅依賴正向經驗，也需要適應失敗與挑戰的能力。心理學家卡蘿・杜維克（Carol Dweck）的成長型心態理論指出，當人們將挑戰視為學習的契機，而非自我價值的否定時，信念才能在失敗中得到修正與強化。相反地，若信念僅建立在短期成果或外在肯定上，當面臨挫折時，便容易動搖甚至崩潰。

第五節　信念的持久性

　　信念的持久性還與個人價值觀的連結密切相關。心理學家愛德華・德西（Edward Deci）與理察・瑞恩（Richard Ryan）在自我決定理論中提到，當行動目標與內在價值觀一致時，能激發出更深層的內在驅動力。這種源自內心深處的動力，是信念得以長期維持的基礎。舉例來說，若一個人將工作視為自我實現與服務社會的途徑，這樣的信念便不會輕易因外在挑戰而動搖。

　　信念的持久性同時需要具體的目標與行動計畫支持。心理學家愛德溫・洛克（Edwin Locke）指出，目標的明確性與挑戰性，能讓人更有方向感，並在過程中不斷自我驗證。當目標被具體化、行動被拆解成階段性任務，信念會在每一次小小的達成中被不斷強化。這種「行動－成果－信念強化」的循環，正是信念長期維持的真實機制。

　　此外，環境的支持也是信念持久性的外部基礎。心理學家布芮妮・布朗（Brené Brown）研究指出，真誠的社會支持與安全感，能讓人在壓力中獲得情緒慰藉，進而維持信念的穩定。當我們能與支持自己的人分享挑戰與焦慮，信念不會在孤立中枯竭，而會因為群體的力量而更加深厚。

　　持久的信念也與日常的自我對話息息相關。心理學家唐納德・梅金鮑姆（Donald Meichenbaum）強調，正向的自我對話能幫助人面對壓力時，維持內在的信任感。當一個人習慣

第三章　信念的基石

用鼓勵而非批評的語言與自己對話,能在面對挑戰時,快速恢復心理彈性,讓信念不至於因短暫的挫折而瓦解。

　　總結而言,信念的持久性是由多個心理層面與外部資源交織而成的。它需要行動的驗證、內在價值的連結、正向的自我對話與周遭的社會支持。拿破崙・希爾提醒我們,信念不是一成不變的,而是在每一次的行動與挑戰中被不斷淬鍊與重建。當我們懂得這一點,就能在漫長的人生旅程中,讓信念成為指引我們不斷前行的明燈。

第六節　信念的再造與修正

　　信念雖然是人生旅程中不可或缺的基礎，但它並非一成不變。拿破崙‧希爾提醒我們：「強大的信念能帶來強大的行動力，但持續的反思與修正，才能讓信念保持與現實的契合。」這句話揭示了信念與人生經驗之間的互動關係：唯有懂得在面對挑戰與環境變化時，適時調整與再造信念，才能讓信念在漫長的人生旅程中，保持生命力與實踐力。

　　心理學家卡蘿‧杜維克（Carol Dweck）在成長型心態理論中指出，持續的學習與彈性是信念得以再造的重要基礎。成長型心態強調，個人能力不是固定的，而是可以透過學習與努力逐步培養的。這樣的心態讓人在面對挑戰與挫折時，不把失敗視為信念的否定，而是視為信念再造與更新的契機。

　　信念的再造，首先來自於覺察到原有信念與現實的落差。心理學家利昂‧費斯廷格（Leon Festinger）在認知失調理論中指出，當信念與現實衝突時，會產生心理上的不適與焦慮。這種不適感，若能被正面看待，便會成為促使人重新檢視信念的起點。反之，若以逃避或壓抑的方式面對，信念便會僵化，失去成長與調整的機會。

　　信念的再造過程，還需要勇氣與誠實面對自我。心理學家丹尼爾‧高曼（Daniel Goleman）強調，情緒覺察與管理是

第三章　信念的基石

信念修正的關鍵。當一個人願意在困境中正視自己的恐懼與懷疑，能更真實地看見哪些信念已不再適用，並找到調整的切入點。

此外，心理學家亞伯特・班度拉（Albert Bandura）在自我效能理論中也指出，行動是信念再造的核心。透過嘗試新的行動與策略，能在實際回饋中發現信念的新可能。例如：一個人若一直相信「我不是學習語言的料」，那麼他可能從未真正投入語言學習的過程。但若願意從小步驟開始行動，並在過程中獲得小小的成功體驗，這些正向經驗會在心理層面重新塑造「我做得到」的信念。

信念的再造，也與外部的支持系統密不可分。心理學家布芮妮・布朗（Brené Brown）發現，真誠的人際連結能為信念的更新提供安全感與情感支持。當一個人能在支持性的人際網絡中，分享自己的掙扎與反思，會更有勇氣面對信念的調整，並在他人的鼓勵中找到前進的力量。

值得注意的是，信念的再造與修正，並不意味著全盤否定過去的信念。心理學家維克多・弗蘭克（Viktor Frankl）提醒我們，信念的核心常常是穩定的──是對生命意義與目標的渴望。再造的關鍵，在於調整那些已不再符合現實的細節或執行方式，讓信念能更符合當下的需求與挑戰。

第六節　信念的再造與修正

舉例而言，許多專業運動員在面對職涯轉折時，常需要重新審視自己的信念。年輕時的信念可能是「我一定要站上世界的舞臺」，而當身體機能或家庭責任改變後，信念也許會轉變為「我希望透過經驗分享，啟發下一代運動員」。這樣的信念調整，並非對自我價值的否定，而是信念在新階段的升級與延伸。

總結而言，信念的再造與修正，是讓人生旅程始終保持彈性與動力的重要過程。拿破崙·希爾告訴我們，強大的信念不是固執己見，而是在持續行動與反思中不斷進化。當我們願意在面對挑戰與環境變化時，調整信念的細節並保持核心的熱情，才能讓信念真正成為支持我們前行、跨越挑戰的堅實力量。

第三章　信念的基石

第七節　信念的自我驗證

　　信念的自我驗證，是一種自我強化的心理過程。拿破崙·希爾認為，信念一旦被內化為生活的指引，就會在日常行動中不斷尋求自我印證，並在這種印證中逐步加強。心理學家威廉·詹姆斯（William James）也指出，人類的行動往往是「信念－行動－印證－更堅強的信念」的循環，這種循環正是自我驗證的核心。

　　自我驗證的心理機制，首先展現在人類潛意識對一致性的渴望。心理學家利昂·費斯廷格（Leon Festinger）提出認知失調理論，當個人的信念與行動發生衝突時，會引發心理上的不適感。為了恢復內在的和諧，人會傾向調整行動或強化信念，以達到心理上的一致性。這也是為什麼行動能不斷鞏固信念 —— 因為行動是信念最直接的延伸。

　　第二，行動的成果驗證，是信念自我驗證的直接依據。心理學家亞伯特·班度拉（Albert Bandura）的自我效能理論指出，透過行動獲得的成就感，會反過來增強對自我能力的信念。當一個人親身體驗到「我真的做得到」的時候，這種親身體驗遠比任何外界鼓勵都更具說服力。這也說明了，信念的強化不在於口號，而在於日常生活中的實踐。

第七節　信念的自我驗證

　　第三，社會回饋也是信念自我驗證的重要來源。心理學家布芮妮・布朗（Brené Brown）在研究中發現，當一個人的行動獲得他人的肯定與認同時，會在潛意識中驗證「我在做的事情有意義」，進而強化內在的信念。這種外部回饋的正向循環，能讓人更有勇氣面對挑戰，也更有動力堅持行動。

　　第四，目標與計畫的明確性，讓信念更容易被驗證。心理學家愛德溫・洛克（Edwin Locke）提出，明確且有挑戰性的目標，能帶來清晰的衡量標準，讓人能在每個階段都獲得自我驗證。當目標被拆解為具體步驟，並且每一小步都有成功的可能時，信念會在這種持續的小成功中被不斷強化。

　　第五，持續的自我對話與反思，是信念自我驗證的長期支持系統。心理學家唐納德・梅金鮑姆（Donald Meichenbaum）指出，正向的自我對話能在挫折時提供心理支持，讓信念不會因短暫失敗而瓦解。這種內在的對話不只是鼓勵，更是一種誠實的反思，讓人看見自己的進步與需要調整的地方。

　　舉例而言，許多長期運動習慣者的信念，都是在「運動－感受進步－更相信自己－更努力運動」的循環中被加強。企業領袖在帶領團隊時，也是在「嘗試新策略－獲得小成功－增強策略信念－進一步優化」的循環中，逐步強化自己的信念。這種看似簡單的自我驗證，實際上是支撐長期行

第三章　信念的基石

動的心理支柱。

　　總結而言，信念的自我驗證是信念持久性的基礎。拿破崙・希爾提醒我們，成功不是瞬間的爆發，而是在日常行動中一點一滴累積出來的信心。當我們學會用行動驗證信念，並在每一次挑戰中累積新的證據，信念就會在潛意識中變得越來越堅不可摧。這樣的信念，才是真正能穿越時光、支撐我們面對任何挑戰的力量。

第八節　信念的實踐之道

　　信念，若不轉化為行動，終究只是空想。拿破崙・希爾指出：「信念不該只是頭腦裡的想法，而要成為指引我們前行的實踐力量。」這句話道出了信念實踐的真諦：它不僅是心理的自我暗示，更是一種具體、持續的行動方式。心理學家愛德溫・洛克（Edwin Locke）與蓋瑞・萊瑟姆（Gary Latham）在目標設定理論中，也提到信念與行動密不可分，唯有行動才能讓信念真正被證實與深化。

　　信念的實踐，首先來自目標的具體化。心理學家班度拉（Albert Bandura）的自我效能理論指出，當目標被細化為明確、具體、可衡量的步驟時，才能在行動中被檢驗與強化。舉例來說，若一個人深信自己能學會外語，光有「我可以做到」的信念是不夠的。還需要將學習過程拆解成「每天閱讀20分鐘、每週聽力練習3次」等明確步驟。這樣，信念就不再只是口號，而是實際可執行的行動指南。

　　其次，信念的實踐需要日常的正向思考與正向自我對話。心理學家丹尼爾・高曼（Daniel Goleman）認為，情緒智商的核心是管理自己的情緒與想法。當面對挑戰與壓力時，能以「我做得到」、「我還有很多可以嘗試的方法」等自我對話，能在心理層面支撐信念的實踐。這種心理支持，是面對

第三章　信念的基石

困難時不輕言放棄的重要依據。

第三，信念的實踐需要行動驗證的循環。心理學家唐納德·梅金鮑姆（Donald Meichenbaum）指出，行動是信念最有力的驗證工具。當我們從小處著手，並在過程中獲得正向成果，信念會被進一步強化，形成「行動－小成果－更深信念」的正向循環。這也是拿破崙·希爾強調的實踐之道：透過不斷的小行動，逐步累積自我肯定與堅持的勇氣。

第四，環境支持是信念實踐的重要推手。心理學家布芮妮·布朗（Brené Brown）研究發現，真誠而支持性的社交網絡，能在信念實踐時提供情感慰藉與實質幫助。與正向的人相處，能從他人的故事與行動中獲得榜樣的力量；而在挫折時，親友的鼓勵也能成為信念不被摧毀的保護傘。

此外，信念的實踐需要持續的自我調整與彈性。心理學家卡蘿·杜維克（Carol Dweck）的成長型心態理論提醒我們，行動過程中難免會遇到挑戰與失敗。將這些挑戰視為學習與調整的機會，而非信念的挫敗，才能讓信念在行動中與時俱進，不斷茁壯。

舉例而言，許多企業領袖在創業過程中，並不是一開始就有完美的計畫，而是透過行動中的不斷實驗與微調，讓信念在實踐中被一次次淬鍊與升級。運動員在訓練與比賽中，也是在「設定小目標－逐步達成－累積信念」的過程中，將

第八節　信念的實踐之道

信念轉化為堅持不懈的行動力。

　　總結來說，信念的實踐之道，是一種動態的、自我驗證的生命歷程。拿破崙・希爾提醒我們，信念若停留在思想層面，終將在現實面前黯然失色；唯有透過日復一日的實踐、調整與驗證，信念才能真正成為驅動我們超越挑戰、實現夢想的持久力量。

第三章　信念的基石

第四章
持續的自我建設

第四章　持續的自我建設

第一節　自我覺察與成長

自我覺察是持續自我建設的起點。心理學家丹尼爾‧高曼（Daniel Goleman）在其情緒智商理論中指出，能夠覺察自己內心世界的人，才有機會成為自我成長的主導者。拿破崙‧希爾也強調：「一個人若不能真實看見自己，就無法改變未來。」自我覺察的能力，決定了我們是否能在混亂與挑戰中，找到真正屬於自己的道路。

自我覺察的第一層面，是對情緒與感受的覺察。許多人在面對壓力或衝突時，往往被情緒牽著走，忽略了背後更深的需求與渴望。心理學家卡爾‧羅傑斯（Carl Rogers）指出，情緒是自我認識的重要線索。當我們能停下來，觀察自己的情緒反應，便能在紛亂的感覺中，找到最真實的自己。

第二層面，是對信念與價值觀的覺察。心理學家馬汀‧塞利格曼（Martin Seligman）認為，信念往往是驅動行為的深層動力。透過對自己價值觀的探索，我們能更清楚地辨識哪些行動是出於真實的渴望，哪些只是迎合外在的期望。這種深層的自我對話，能幫助我們從被動的生活狀態，轉向主動選擇的積極狀態。

自我覺察還包括對行動與習慣的觀察。心理學家唐納德‧梅金鮑姆（Donald Meichenbaum）指出，許多行為模式

第一節　自我覺察與成長

往往是無意識的重複,若沒有覺察,便無法改變。當我們開始觀察自己的行為模式,便有機會看見其中的盲點與成長空間。例如:一個總是拖延的人,若能意識到「我其實是在害怕失敗」,就能針對這個恐懼做出新的回應與調整。

自我覺察的培養,需要耐心與練習。心理學家亞伯特．班度拉(Albert Bandura)提出,自我效能感會隨著經驗的累積而增強。每天花幾分鐘靜下心來,記錄自己的情緒與想法,或是透過冥想與正念練習,逐步學會如何與內心對話。這些簡單的練習,能在日常生活中累積強大的自我覺察力。

自我覺察也是自我成長的催化劑。心理學家卡蘿．杜維克(Carol Dweck)在成長型心態理論中指出,能夠從自我覺察中找到成長的可能,便是突破限制的開始。當我們勇於面對自己的脆弱與不足,並且願意承認「我還有成長的空間」,就能開啟不斷學習與進化的旅程。

在生活中,許多領導者與成功人士,都將自我覺察視為持續進步的基石。企業家會透過日誌或教練指導,檢視自己的決策盲點;運動員會透過比賽回放與教練回饋,調整自己的技術與心態。這些日常的自我檢視,都是自我覺察的延伸,讓人成為自己最佳的導師。

自我覺察還能帶來內在的和諧感。心理學家維克多．弗蘭克(Viktor Frankl)認為,人類最大的自由,是在任何處境

第四章　持續的自我建設

下選擇自己的態度。當我們能透過自我覺察，選擇與內在價值一致的行動，就能減少內心的衝突，活出更平衡與真誠的自己。

　　總結而言，自我覺察與成長是自我建設的第一步，也是人生旅程中不斷向前的推動力。拿破崙・希爾提醒我們，唯有學會真實看見自己，才能讓改變成為可能。透過日常的練習與深度的反思，自我覺察不只是認識自己，更是通往持續成長的起點。

第二節　自我教育的重要性

自我教育，是現代社會中持續自我建設的核心。拿破崙·希爾認為：「真正的教育不僅來自學校，而是來自持續的學習與思考。」這句話點出了自我教育的價值與本質──它不受制於外部體制的限制，而是源自個人內在的渴望與責任。心理學家亞伯拉罕·馬斯洛（Abraham Maslow）在需求層次理論中，也將「自我實現」視為最高層次的需求，而自我教育正是通往這一層次的關鍵途徑。

自我教育的重要性，首先在於它能讓個人不斷更新知識與技能，適應快速變動的世界。現代社會的科技與資訊日新月異，若停滯不前，將很快被淘汰。心理學家愛德華·德西（Edward Deci）與理察·瑞恩（Richard Ryan）在自我決定理論中指出，當人擁有主動學習的內在動機時，能更快適應環境變化，並在競爭中保持優勢。

其次，自我教育是自我認同與價值感的來源。心理學家卡爾·榮格（Carl Jung）認為，持續學習與自我探索，能讓人更接近真實的自我。當一個人不斷透過學習了解自己與世界，能夠看見自身的價值，並在行動中實現這種價值。這種內在的肯定，是面對外在挑戰時最穩固的力量。

第四章　持續的自我建設

　　自我教育的重要性,還展現在它與自我效能感的關聯上。心理學家亞伯特・班度拉(Albert Bandura)指出,當人們能在行動中獲得正向成果,會強化對自己能力的信任。自我教育提供了持續挑戰與超越的機會,讓人透過不斷的學習,證明自己的能力與潛力。

　　同時,自我教育是一種心理韌性的養成。心理學家馬汀・塞利格曼(Martin Seligman)在樂觀心理學中提到,樂觀者往往更願意學習與嘗試新事物。當人們將學習視為面對未知與挑戰的機會,能在困難面前保持正向心態,並在失敗中找到成長的養分。自我教育,正是這種正向心態的最佳展現。

　　從實際層面來看,自我教育也是職涯與生活質感提升的關鍵。現代職場需要具備多元能力與創新思維的人才。心理學家艾美・柯蒂(Amy Cuddy)指出,持續學習與更新知識,能增強自信與領導力,讓人在專業領域保持競爭力。同樣地,生活中的自我教育,如閱讀、旅行或跨領域學習,能讓人擁有更豐富的視角與人生體驗。

　　自我教育的重要性,也展現在它是「終身學習」的實踐。心理學家菲利普・津巴多(Philip Zimbardo)提出,未來導向的思考模式,讓人能更主動規劃人生,避免陷入對過去的執著。當人們把學習視為一生的課題,便能不斷在每個階段找到新的目標與意義,活出更充實的生命歷程。

第二節　自我教育的重要性

　　值得一提的是，自我教育並不只是知識的累積，而是結合行動與反思的動態過程。心理學家唐納德·梅金鮑姆（Donald Meichenbaum）強調，自我教育需要結合實踐與反思，才能將知識轉化為智慧與行動力。當我們在日常中將所學付諸實踐，並在過程中持續修正與學習，才能真正內化知識，並讓它成為人生的工具。

　　總結來說，自我教育不只是知識學習，更是一種生活態度。拿破崙·希爾提醒我們，教育是通往自我實現的橋梁，而這座橋，只有靠自己持續地搭建。當我們將自我教育視為日常的必修課，並且在每一次的學習中看見自我價值的實現，人生的高度也將不斷被重新定義。

第四章　持續的自我建設

第三節　自我檢視的技術

自我檢視，是持續自我建設過程中不可或缺的環節。拿破崙·希爾指出：「唯有持續檢視，才能讓人不迷失在原地。」心理學家丹尼爾·高曼（Daniel Goleman）也強調，具備自我檢視能力的人，更能從經驗中汲取教訓，實現長期成長。自我檢視的技術，是讓人從單純的行動，邁向深度的自我理解與突破的關鍵。

自我檢視的第一步，是保持真實的態度。心理學家卡爾·羅傑斯（Carl Rogers）提倡「真誠自我」，指出自我檢視必須以開放心態面對自己的缺點與不足。當人們願意放下防衛，真實地面對自己的行為模式、決策偏差與心理反應，便能在檢視中看見真正的問題根源，避免陷入自我合理化的陷阱。

第二，結合日常的紀錄與反思，是強化自我檢視的實用工具。心理學家唐納德·梅金鮑姆（Donald Meichenbaum）強調，透過書寫日誌、記錄行動與想法，能幫助人從片段的行為中看見模式與趨勢。當一個人習慣每天記錄自己的情緒起伏、學習進度或挑戰心得，便能在回顧中發現長期的盲點與瓶頸。

第三，運用第三者視角，是自我檢視的一項進階技巧。心理學家馬汀·塞利格曼（Martin Seligman）指出，當人們能暫時抽離自我，從他人或旁觀者的視角看待自己的選擇與行

第三節　自我檢視的技術

為，能在思維上帶來更寬廣的視野。這種「換位思考」的檢視方式，能幫助人跳脫慣性的盲區，從更客觀的角度審視問題。

此外，定期設定檢視的節奏，也能強化檢視的深度與系統性。心理學家亞伯特・班度拉（Albert Bandura）在自我效能理論中指出，持續的進度監測與檢視，能強化自我效能感與行動的一致性。無論是每週一次的總結，還是每月一次的階段回顧，都能讓行動與目標保持同步，並在必要時做出及時的調整。

自我檢視的技術，也需要與情緒管理結合。心理學家布芮妮・布朗（Brené Brown）指出，脆弱感往往是自我檢視中最難面對的部分。當人們能在安全的環境中，允許自己承認錯誤與不完美，檢視便不再是自我批判，而是成為自我接納與成長的催化劑。

舉例而言，許多創業者在經營事業時，會透過定期的策略回顧會議，重新檢視產品與市場的匹配度。運動員在訓練後，會觀看比賽回放，檢視自己的技術動作與比賽心態。這些日常實踐，都是自我檢視在不同領域的具體應用。

總結而言，自我檢視的技術不僅是工具，更是一種生活態度。拿破崙・希爾提醒我們，唯有勇於面對自己的不足，並在每一次檢視後，做出細微而持續的修正，才能讓自我建設不只是口號，而是能在日常中被實踐與展現的真實力量。

第四章　持續的自我建設

第四節　自我學習的動機

　　自我學習的動機，是驅動個人持續學習、成長與進步的根本力量。心理學家愛德華・德西（Edward Deci）與理察・瑞恩（Richard Ryan）在自我決定理論中指出，內在動機與自主性是學習的核心。拿破崙・希爾也強調：「唯有真正發自內心的學習渴望，才能讓人持續在挑戰中前行。」這種動機，不只是對外界的回應，更是源自內心的召喚。

　　自我學習的動機，首先來自於對知識的好奇心。心理學家威廉・詹姆斯（William James）認為，人類天生就擁有探索未知的本能。當這種好奇心被持續激發時，學習便不再是負擔，而是享受與自我實現的一部分。日常生活中，許多人的學習契機，往往就是因為一次偶然的興趣，或對某個主題的深度迷戀。

　　其次，自我學習的動機與目標感密切相關。心理學家亞伯特・班度拉（Albert Bandura）在自我效能理論中指出，當人們相信自己的努力能帶來改變與進步，會更願意投入學習的行動。設定明確的學習目標，並且不斷在過程中驗證進步，能讓學習不再是空泛的口號，而是具體而持久的自我實踐。

第四節　自我學習的動機

　　此外，自我學習的動機還與個人的核心價值有深刻連結。心理學家史蒂芬·柯維（Stephen Covey）認為，當學習能與個人的信念與價值結合時，才能成為長期的驅動力。舉例而言，若一個人相信「知識能改變世界」，那麼學習對他而言，就不再只是自我提升的手段，而是實現人生意義與社會價值的具體途徑。

　　自我學習的動機也受到情緒狀態的影響。心理學家馬汀·塞利格曼（Martin Seligman）指出，樂觀的情緒與正向的思維，能幫助人更有動力面對挑戰。當學習被視為一種機會，而非壓力時，學習的動機就會隨之增強。相反地，若學習被視為必須或強迫，容易產生焦慮與抗拒，最終削弱內在動機。

　　在行動層面，自我學習的動機能透過具體的策略與工具得到強化。心理學家艾美·柯蒂（Amy Cuddy）在領導力研究中發現，設定小而可行的目標，能在過程中帶來即時的滿足感，進而激發長期的學習欲望。當一個人能在學習過程中持續獲得小小的成功體驗，內在的自信心也會隨之累積。

　　舉例而言，許多自我學習者會透過閱讀書籍、參與線上課程或跨領域學習，從中找到自我肯定與自我挑戰的樂趣。運動員在技術提升過程中，也會因每次的小進步而更堅信持續訓練的價值。這些實例都說明了，自我學習動機的強化，

第四章　持續的自我建設

來自於持續實踐與即時的成就感。

總結而言,自我學習的動機不是短暫的激情,而是內心深處的渴望。拿破崙·希爾提醒我們,真正的成長源自不斷學習與挑戰自我,唯有讓學習成為生活的一部分,才能讓自我建設不斷前行,永不止步。

第五節　自我激勵的方法

　　自我激勵，是持續自我建設的關鍵動力。拿破崙・希爾認為：「激勵不是外在給予的，而是內心深處湧現的力量。」這句話點出了自我激勵的本質：它來自內在的信念、渴望與價值感。心理學家愛德華・德西（Edward Deci）與理察・瑞恩（Richard Ryan）在自我決定理論中進一步說明，真正持久的動力，源自個人對目標的內在認同與意義感。

　　自我激勵的方法，首先是清楚的目標設定。心理學家愛德溫・洛克（Edwin Locke）強調，明確且有挑戰性的目標，能讓人產生更高的投入感與行動力。當目標明確時，便如同在人生航道上點亮一盞明燈，指引我們一步步向前。為了保持激勵，我們需要將大目標拆解為可行的小目標，並設定清晰的進度與成果標準。

　　第二，正向的自我對話是自我激勵的重要工具。心理學家唐納德・梅金鮑姆（Donald Meichenbaum）指出，內在語言會影響行動與情緒。透過正向的自我對話，如「我做得到」、「我已經比昨天更進步」等話語，能在挑戰面前給予內心支持。這種語言上的正向鞏固，會逐漸內化為信念，成為持續行動的推手。

第四章 持續的自我建設

　　第三，從小處著手，逐步建立成就感。心理學家亞伯特・班度拉（Albert Bandura）的自我效能理論認為，小小的成功經驗，能在心理上累積自信，強化行動的持續性。自我激勵並不意味著一次要完成宏大的任務，反而是從一個又一個小目標開始，並在每一次的達成中獲得成就感。這些成就感，是信心與熱情的堆疊，讓人更有勇氣面對更大的挑戰。

　　自我激勵還與情緒管理密不可分。心理學家馬汀・塞利格曼（Martin Seligman）在樂觀心理學中提到，面對挑戰時，樂觀的態度能幫助人更快從失敗中恢復。透過轉念與情緒調節，我們能將暫時的挫折視為學習機會，而非失敗的證明。這種正向的情緒轉換，是保持激勵的心理彈性。

　　同時，環境與人際支持也是自我激勵的重要來源。心理學家布芮妮・布朗（Brené Brown）指出，真誠的人際連結與支持，能為個人行動提供情感上的慰藉。當我們身邊有鼓勵與支持的人，能在迷惘與挫折時提醒我們：「你做得到」、「我相信你」。這種外在的肯定，會進一步強化內在的信念。

　　最後，自我激勵也需要持續的學習與更新。心理學家卡蘿・杜維克（Carol Dweck）在成長型心態理論中強調，當人們相信能力可以透過學習與努力不斷提升，便會更願意在面對挑戰時保持動力。持續學習不僅能提升技能，也能在心理上注入新的熱情與動能。

第五節　自我激勵的方法

　　舉例而言,許多長期跑者在賽事中,會透過設定小目標(如「再跑一公里」)與自我對話(如「我能堅持下去」)來克服疲憊。企業家在經營困難時,也會從市場調查或新知學習中找到新的靈感,重燃對事業的熱情。這些實例都說明,自我激勵是一種持續的選擇與鍛鍊,而非偶然的靈光乍現。

　　總結而言,自我激勵的方法多樣,核心在於將內在信念與外在行動結合,並透過正向對話、目標拆解、情緒管理與持續學習,讓行動成為自我建設的日常習慣。拿破崙‧希爾提醒我們,真正的成功不是外界賦予的,而是從自我激勵中綻放的內在光芒。

第四章　持續的自我建設

第六節　自我反思的工具

自我反思是自我成長與建設的重要過程，能幫助我們在生活與工作中更有方向感與洞察力。拿破崙·希爾曾說過：「真正的進步來自不斷的自我反思與調整。」這句話點出了反思的價值：它不是停留在理論層面，而是透過具體的工具與實踐，成為日常生活中持續自我建設的基石。心理學家唐納德·梅金鮑姆（Donald Meichenbaum）也強調，反思是轉化經驗為智慧的橋梁。

自我反思的第一個工具，是書寫日誌。心理學家丹尼爾·高曼（Daniel Goleman）指出，書寫日誌能讓人將內心混亂的想法具體化，進而更清楚地看見問題與機會。每天花幾分鐘記錄當天的心情、學習與挑戰，不僅能釐清思緒，也能在日後回顧時，看見自己成長的足跡。許多領導者與創業者都習慣透過日誌，檢視自己的決策邏輯與情緒反應。

第二個有效的反思工具，是冥想與正念練習。心理學家喬·卡巴金（Jon Kabat-Zinn）認為，正念是一種無評價的覺察狀態，能幫助人放下過度批判的習慣，專注於當下。當我們以正念的方式反思，不再執著於「對錯」的二元思維，而是帶著好奇心與接納態度，去探索行為背後的原因與情緒根源。

第六節　自我反思的工具

　　第三，自我提問是一種極具力量的反思技巧。心理學家馬汀・塞利格曼（Martin Seligman）指出，問題的品質決定思考的深度。透過提問「為什麼我會有這樣的感受？」、「我真正想達到的是什麼？」等問題，能讓反思更聚焦於內在驅動力與價值觀，而不只是表面現象。持續的自我提問，會讓人更真實地面對自己，進而做出更一致的行動選擇。

　　第四，尋求他人的回饋與對話，也是自我反思不可或缺的工具。心理學家布芮妮・布朗（Brené Brown）發現，真誠的社會連結能讓人更有勇氣面對脆弱與挑戰。透過與值得信任的朋友、導師或教練交流，能從不同的視角看見盲點，並得到更客觀的建議。這種外部對話，能避免自我反思時的過度主觀與情緒化。

　　第五，視覺化工具如心智圖與流程圖，能讓複雜的想法結構化，幫助思維更有條理。心理學家東尼・博贊（Tony Buzan）提出，心智圖透過圖像與關鍵詞的結合，能刺激大腦的創造力，讓反思更具啟發性。透過將問題與目標以圖像化呈現，我們能更清楚地看見全貌，並找到可行的行動路徑。

　　第六，定期設定反思時間，讓它成為生活的習慣。心理學家亞伯特・班度拉（Albert Bandura）指出，持續性的行為比一時的努力更有力量。無論是每天的短暫回顧，還是每月

第四章 持續的自我建設

一次的深度盤點,當反思成為固定的儀式,就能在長期中產生累積與轉化。

舉例而言,許多運動員會在比賽後,透過觀看比賽影片,檢視技術與戰術的盲點;企業家會在季度檢視會議中,與團隊討論策略與執行落差。這些都是自我反思在不同場域的具體應用,說明了反思不只是個人內省,也是一種跨越職場與生活的通用能力。

總結而言,自我反思的工具多樣而靈活,關鍵在於能否與真實的自我對話,並在日常中養成習慣。拿破崙‧希爾提醒我們,唯有在不斷的自我檢視中,才能讓每一次的行動更有意義,讓自我建設不斷向前,成為一種持續不懈的力量。

第七節　自我革新的挑戰

　　自我革新，是自我建設中最具挑戰性的一部分。心理學家卡蘿・杜維克（Carol Dweck）在成長型心態理論中指出，唯有在面對既有思維與習慣時，勇於挑戰與超越，才能實現真正的成長。拿破崙・希爾也強調：「成功往往不是來自模仿他人，而是勇於改變自己。」然而，面對自我革新，許多人感受到的是恐懼與抗拒，而非期待與勇氣。

　　自我革新的挑戰，首先來自於打破舒適圈。心理學家丹尼爾・高曼（Daniel Goleman）認為，人的大腦天生傾向於熟悉與安全，因為這代表較少的風險與焦慮。當一個人試圖改變長期的行為模式或信念時，會激發大腦中的「恐懼中心」──杏仁核的活動，讓人產生逃避與防衛的反應。這也是為什麼多數人在面對改變時，往往會感到抗拒或拖延。

　　其次，自我革新的挑戰來自於外部環境的影響。心理學家布芮妮・布朗（Brené Brown）發現，人際關係與社會文化的期望，常常是影響個人改變的重要因素。當我們嘗試革新自我時，可能會面對來自親友或工作環境的質疑與不理解。這種外在壓力，會讓人在改變的道路上倍感孤單，甚至質疑自己的決定。

第四章　持續的自我建設

　　自我革新還涉及自我認同的重塑。心理學家卡爾・榮格（Carl Jung）指出，個人的自我形象與信念深深交織在一起。當我們試圖改變時，往往意味著挑戰過去認同的價值與形象。這種內在的衝突，若沒有足夠的自我覺察與支持，容易在心理層面造成不適與焦慮。

　　然而，心理學家愛德華・德西（Edward Deci）與理察・瑞恩（Richard Ryan）在自我決定理論中強調，內在動機與自主性是突破自我革新挑戰的關鍵。當改變與個人核心價值一致，且能帶來更高層次的意義與滿足，這種內在動機會超越恐懼，成為持續前行的力量。

　　具體而言，面對自我革新的挑戰，需要有具體的策略與支持系統。首先，設定小步驟的行動目標，讓改變不再是遙不可及的目標，而是可以每天實踐的小行動。心理學家亞伯特・班度拉（Albert Bandura）指出，當人們能透過小小的成功經驗，獲得自我效能感，便會更有信心持續嘗試。

　　其次，正向的自我對話能在情緒層面提供支持。心理學家唐納德・梅金鮑姆（Donald Meichenbaum）強調，正向的語言與自我肯定，能在面對改變的不確定時，幫助人找到心理上的安全感。透過告訴自己「我值得擁有更好的自己」、「改變是成長的起點」，能讓自我革新成為一種積極的選擇。

第七節　自我革新的挑戰

再者，尋求外部的支持與回饋，是自我革新的重要助力。心理學家馬汀・塞利格曼（Martin Seligman）在樂觀心理學中指出，正向的人際連結與情感支持，能減緩改變過程中的孤立感。無論是向親友傾訴、加入支持社群，或與教練合作，都能讓人更有勇氣持續前進。

舉例而言，許多專業人士在面對轉職或轉型時，會在行動與心態間找到平衡。他們不會試圖一次改變所有，而是先從學習新知或探索新領域開始，透過逐步累積，慢慢適應與調整自我定位。這種漸進式的改變，能減輕心理壓力，也更符合人性的適應節奏。

總結而言，自我革新的挑戰雖然艱鉅，但也是人生最珍貴的進化機會。拿破崙・希爾提醒我們，真正的成長，來自不斷挑戰與打破舊有框架的勇氣。當我們學會將這種挑戰視為學習與超越的契機，自我革新便不再是遙遠的夢想，而是實踐自我建設的必經之路。

第四章　持續的自我建設

第八節　自我建設的系統化

　　自我建設的系統化，是讓自我成長不只是零散的努力，而是能夠持續、整合並在生活中不斷深化的實踐。拿破崙·希爾指出：「真正的成功不是一時的衝動，而是持續而有系統的累積。」這句話點出，自我建設要成為穩定而持久的力量，必須從零散的嘗試，走向有系統、有策略的整合。

　　自我建設的系統化，首先需要明確的結構與目標。心理學家愛德溫·洛克（Edwin Locke）與蓋瑞·萊瑟姆（Gary Latham）在目標設定理論中提到，目標的明確性與系統性，能讓人更有效地追蹤進度並持續調整。當一個人能夠明確規劃自我建設的方向、短中長期目標與步驟，就能避免在日常生活中迷失方向，讓每一次的努力都更有焦點。

　　其次，系統化需要有固定的反思與回饋機制。心理學家唐納德·梅金鮑姆（Donald Meichenbaum）認為，反思是行動與成長間的橋梁。當我們能定期檢視自己的行動與學習，並在必要時調整策略，便能避免因習慣與慣性而陷入停滯。無論是每日的自我檢視，還是每月的進度盤點，這些固定的回顧節奏，都是讓自我建設持續深化的關鍵。

　　自我建設的系統化，還需要結合學習與實踐的雙軌策略。心理學家亞伯特·班度拉（Albert Bandura）的自我效能

第八節　自我建設的系統化

理論強調,行動是強化信念與技能的基礎。持續的學習能拓展視野,帶來新的方法與靈感;而實際的行動,則是檢驗與轉化這些學習的場域。當學習與行動彼此結合,並在不斷的實踐中形成回饋循環,才能讓自我建設不只是空想,而是真正融入生活的實踐力。

此外,系統化也需要明確的優先順序與資源配置。心理學家史蒂芬・柯維(Stephen Covey)在《與成功有約》中提出「先重要,後緊急」的思維。當自我建設的計畫能根據優先順序來編排,就不會因應付短期瑣事而犧牲長期的深度目標。有效的時間管理與資源分配,也是系統化自我建設的核心。

值得注意的是,系統化並不意味著僵化。心理學家卡蘿・杜維克(Carol Dweck)在成長型心態理論中強調,彈性與調整是持續成長的重要元素。當外部環境變動或內心需求改變時,系統化的結構也必須隨之調整。這種動態平衡,讓系統化不只是死板的計畫,而是與生活節奏緊密結合的活力體系。

自我建設的系統化,也離不開外部支持與社會資源。心理學家布芮妮・布朗(Brené Brown)指出,支持性的社會網絡能為個人行動提供情感支持與現實幫助。無論是透過導師指導、同儕學習,還是社群分享,這些外部資源都能讓自我建設的系統更穩固,也更能因應挑戰。

第四章　持續的自我建設

　　舉例而言，許多專業人士會在職涯中，建立「學習－實踐－反思－分享」的系統化循環。這不僅讓知識更新與能力精進持續進行，也能在互動中吸收更多的觀點與經驗。運動員在訓練中，也是透過週期化的訓練計畫、比賽檢視與專家回饋，讓自我建設成為一個動態的、與時俱進的系統。

　　總結而言，自我建設的系統化不是目標的終點，而是一種能持續進化的生活方式。拿破崙·希爾提醒我們，成功不是偶然，而是持續、有系統的自我超越。當我們學會將自我建設從片段的努力，轉化為整合性的實踐，並在生活的每個面向找到自我成長的可能，人生的高度與深度都將無限延展。

第五章
正向思考的習慣

第五章　正向思考的習慣

第一節　正向思考的意涵

　　正向思考是一種積極主動的心理取向，代表著在面對挑戰與未知時，選擇以希望、可能性與建設性的態度去看待問題，而非陷入負面情緒的漩渦。拿破崙·希爾認為，正向思考是成功與幸福的核心基礎，因為它能驅動行動、培養自信，並在逆境中找到前行的力量。心理學家馬汀·塞利格曼（Martin Seligman）在其研究中也指出，正向思考不只是樂觀，更是一種能夠增強心理韌性與行動力的生活態度。

　　正向思考的本質，並非盲目樂觀或自我欺騙。心理學家亞伯特·班度拉（Albert Bandura）強調，正向思考是建立在真實認知與自我效能感之上的。它不是對現實的否認，而是選擇在現實中尋找機會與希望。這種態度，讓人能在面對困難時，維持心理彈性，並持續尋找解決問題的可能性。

　　從心理層面來看，正向思考代表一種對未來的正向期待。心理學家菲利普·津巴多（Philip Zimbardo）在時間觀理論中指出，當人們對未來有正向的想像時，會更有動力面對當下的挑戰。正向思考正是這種對未來有信心與期許的展現，能在每個當下累積出行動的力量。

　　正向思考也與個人的價值觀深深連結。心理學家卡爾·榮格（Carl Jung）認為，人的行動與信念是緊密相依的。當

第一節　正向思考的意涵

一個人的價值觀與正向思考相契合時,便能將正向思考內化為長期的生活態度。這不僅讓人更有韌性,也讓人更容易從挑戰中找到成長的意義。

正向思考還有助於情緒管理與心理健康。心理學家丹尼爾·高曼(Daniel Goleman)指出,正向的情緒能夠減緩壓力對身體與心靈的侵蝕。當一個人以正向的視角看待挑戰時,會分泌更多與幸福感相關的神經傳導物質,如多巴胺與血清素。這些物質不僅能讓人更有活力,也能讓人更快從失敗與挫折中恢復。

此外,正向思考也是人際互動的潤滑劑。心理學家布芮妮·布朗(Brené Brown)發現,樂觀的人更容易與他人建立信任與支持性的關係。這是因為正向思考的人在互動中更能看見他人的價值,並以真誠的態度與他人合作。這種正向互動,會在社會層面累積出更強大的支持網絡,進一步強化心理的穩定感。

舉例而言,許多成功人士在面對壓力時,並不是沒有恐懼,而是選擇以正向的態度去尋找突破的可能。運動員在賽場上,會透過正向的自我對話,讓自己專注於「我能做到」的信念,而非「我可能失敗」的恐懼。企業家在面對市場挑戰時,也會透過正向的團隊溝通,讓壓力成為激發創新的養分。

第五章　正向思考的習慣

　　總結而言,正向思考不只是一種臨時的情緒,而是一種長期的思維習慣。拿破崙‧希爾提醒我們,正向思考是將內心信念與外在行動結合的橋梁。當我們學會在生活的每個面向都用正向的態度去面對,才能在面對挑戰與變化時,讓正向思考成為真正的力量與智慧。

第二節　正向思考的培養

　　正向思考的培養，是讓正向態度從短暫的情緒轉化為長期的習慣。心理學家馬汀・塞利格曼（Martin Seligman）在樂觀心理學的研究中指出，正向思考並非與生俱來，而是可以透過有意識的練習與實踐來培養。拿破崙・希爾也曾說過：「正向的思考模式，是成功者每日的功課。」正向思考的培養，意味著在日常中不斷地訓練自己的思想與情緒，讓它們更有彈性與建設性。

　　正向思考的第一步培養，是學會覺察自己的思考模式。心理學家丹尼爾・高曼（Daniel Goleman）指出，情緒智商的核心，是能覺察自己的情緒與思維。當一個人習慣在面對挑戰時，第一反應是擔憂或悲觀，這往往不是因為能力不足，而是慣性思考模式的結果。透過靜心練習與日常的自我對話，能幫助我們看見這種慣性，並在它出現時提醒自己：「還有其他的看法與可能。」

　　第二步是練習轉換視角。心理學家卡蘿・杜維克（Carol Dweck）的成長型心態理論強調，當人們相信能力是可以透過學習與努力提升的，就能更容易在困難中保持正向態度。具體來說，面對挑戰時，學會從「我不行」轉變為「我還沒做到，但我可以學會」。這種思維上的轉換，能在面對逆境

第五章　正向思考的習慣

時，保持開放與學習的心態。

第三，將正向思考與具體行動結合，是培養的關鍵。心理學家亞伯特・班度拉（Albert Bandura）指出，行動是強化信念的重要方式。當我們嘗試用正向的態度看待問題，並付諸具體的行動時，行動帶來的成果會反過來強化正向的思考。例如：面對困難的工作任務，若能主動規劃行動步驟並持續執行，即便遇到挫折，也會在過程中找到新的解決方案，讓信心與正向態度在實踐中被強化。

正向思考的培養，也需要透過日常的正向語言與自我對話來鞏固。心理學家唐納德・梅金鮑姆（Donald Meichenbaum）強調，語言是思維的外化，透過正向的語言與自我肯定的話語，能影響內在的信念與情緒。每天給自己正向的提醒，如「我有能力面對挑戰」、「我值得被看見與尊重」，能在潛意識中累積出強大的心理力量。

舉例而言，許多運動員會在訓練與比賽前，透過正向的自我暗示來提升表現。企業領袖在決策時，也會習慣從「可能性」而非「限制」的角度出發，讓團隊看見希望與解決方案。這些日常的正向語言與行動，都是正向思考在生活中的實際運用。

總結而言，正向思考的培養不是一蹴可幾，而是需要持續的練習與反思。拿破崙・希爾提醒我們：「正向思考，能

第二節　正向思考的培養

改變你的人生高度。」當我們願意在日常中培養這種態度,並將它與行動結合,正向思考就能成為面對生活挑戰時,最強大的心理後盾。

第五章　正向思考的習慣

第三節　正向思考與自信

　　正向思考與自信之間有著密不可分的關係。拿破崙·希爾認為，正向的思考模式能成為自信的溫床，而自信又能反過來強化正向的思考態度。心理學家亞伯特·班度拉（Albert Bandura）在自我效能理論中指出，自我效能感──即相信自己有能力達成目標的信念──是自信的核心。而這種信念，往往源自正向思考的培養與實踐。

　　正向思考如何塑造自信？首先，它能改變我們看待挑戰的態度。心理學家馬汀·塞利格曼（Martin Seligman）認為，樂觀者在面對逆境時，更能看見挑戰背後的機會，並相信自己有能力應對。正向思考者不否認問題的存在，但更專注於「我能做什麼」以及「我有什麼資源」這些建設性的問題。這種視角，能讓人在面對未知時，減少自我懷疑與焦慮。

　　正向思考還能透過自我暗示，強化自信。心理學家唐納德·梅金鮑姆（Donald Meichenbaum）指出，自我對話是影響情緒與行動的重要因素。當我們在挑戰中，持續用正向的語言與態度與自己對話，這些話語會在潛意識中累積，最終轉化為深層的自信心。

　　第三，正向思考能讓人更勇於行動。心理學家愛德溫·洛克（Edwin Locke）與蓋瑞·萊瑟姆（Gary Latham）發現，

第三節　正向思考與自信

具挑戰性且具體的目標能引發更高的動機與自信。當正向思考讓我們專注於目標與行動時，行動帶來的正向成果又會反過來驗證自我的能力。這種「思考－行動－成果－自信」的循環，是自信與正向思考彼此強化的重要基礎。

正向思考與自信還展現在面對失敗的態度上。心理學家卡蘿・杜維克（Carol Dweck）強調，成長型心態者相信能力能透過學習不斷提升。當正向思考者遇到失敗，會將其視為暫時的挑戰，而不是自我價值的否定。這種態度，讓人在挫折中不失去信心，並且更願意嘗試新的行動與策略。

舉例而言，許多運動員在賽場上，正是透過正向的思考方式，讓自己在壓力下仍能保持冷靜與專注。企業領袖在面對市場變動時，也會選擇將注意力放在如何因應與創新，而非陷入對風險的恐懼。這些正向的思維習慣，讓他們在變化中找到自信，並以穩健的心態面對挑戰。

總結而言，正向思考與自信是相輔相成的。正向思考讓我們更有行動的勇氣與心理彈性，而這些行動又在現實中驗證了自我價值，強化了自信。拿破崙・希爾提醒我們：「你的信念決定你的高度。」當我們選擇以正向的態度看待世界，並在每一次行動中堅定自己的能力，正向思考與自信便會成為我們面對未來最可靠的心理後盾。

第五章　正向思考的習慣

第四節　正向思考的影響力

　　正向思考不僅是一種心態,更是一種能改變生活的力量。心理學家馬汀・塞利格曼(Martin Seligman)在其樂觀心理學理論中強調,正向的思考模式能夠顯著影響人的行為、情緒與社會互動,進而在生活與事業中創造出無限的可能。拿破崙・希爾更指出:「正向思考的影響,往往比外在條件還重要,因為它能改變一個人對困難的解讀方式,進而塑造出積極的行動與成果。」

　　正向思考的第一層影響力,在於對個人行動的直接驅動。心理學家亞伯特・班度拉(Albert Bandura)的自我效能理論指出,當人們相信自己有能力達成目標時,便會展現更積極的行動與嘗試。正向思考能強化自我效能感,讓人在面對挑戰時,傾向於主動行動,而不是退縮或放棄。

　　第二,正向思考的影響力展現在情緒與心理健康上。心理學家丹尼爾・高曼(Daniel Goleman)在情緒智商理論中提到,正向的情緒能夠減緩壓力對身心的負面影響。當我們以正向的態度看待挑戰時,身體會釋放更多與幸福感相關的神經傳導物質,進而增強心理的彈性與恢復力。這讓人更有能力面對日常生活的各種壓力,並從逆境中快速恢復。

第四節　正向思考的影響力

　　第三，正向思考還能改變一個人的人際互動模式。心理學家布芮妮・布朗（Brené Brown）指出，態度正向的人更容易與他人建立深厚的連結，因為他們在互動中展現出更多的支持與信任。正向思考不僅讓人更容易給予正向的回饋，也能在互動中看見他人的價值，創造出更有溫度與支持的關係網絡。

　　舉例而言，職場中的領導者若能以正向的態度面對問題，會更容易激發團隊成員的熱情與創造力。反之，消極的領導態度容易讓團隊陷入抱怨與停滯。這種態度的影響，往往比任何管理工具還有力，因為它觸及的是人心深處的動力來源。

　　正向思考還能影響人的學習與創新能力。心理學家卡蘿・杜維克（Carol Dweck）在成長型心態理論中指出，態度正向的人更容易將挑戰視為學習與成長的機會，而非失敗的威脅。這種態度，能讓人在學習新技能或面對未知時，展現出更強的探索精神與適應力。

　　從更宏觀的角度看，正向思考的影響力甚至能擴展到社會層面。研究發現，當一群人擁有正向的思考模式時，整個群體的創造力與協作力都會顯著提升。正向思考像是一種心理「共鳴」，能在群體中激發正向的能量與合作氛圍。

第五章　正向思考的習慣

　　總結而言,正向思考的影響力深遠且全面,從個人的行動力、心理健康,到人際關係與社會互動,都能看到它的正向效應。拿破崙‧希爾提醒我們,正向思考不只是心中的信念,更是能在現實中創造改變的無形力量。當我們學會培養並運用正向思考,便能在各種挑戰中找到前行的力量,活出更豐盛、更有意義的人生。

第五節　正向思考的持續性

　　正向思考的持續性，是讓正向心態從一時的閃光點，轉化為長期習慣與人生底色的關鍵。心理學家馬汀·塞利格曼（Martin Seligman）在其樂觀心理學理論中強調，正向思考的力量不僅在於短暫的情緒調整，而在於它能在日常中持續穩定，成為人面對挑戰與壓力時最強大的心理支持。拿破崙·希爾也提醒我們：「正向思考不是一時的興奮，而是一種持續練習與修練。」

　　正向思考的持續性，首先來自於覺察與反思的習慣。心理學家丹尼爾·高曼（Daniel Goleman）指出，能夠覺察自己情緒與思維狀態的人，更容易維持正向態度。當我們能在日常生活中，經常檢視自己的想法與情緒，便能及時調整負面念頭，重新找到正向的角度。這種自我覺察，正是正向思考能長久保持的基礎。

　　其次，正向思考的持續性，需要將正向態度與具體行動結合。心理學家亞伯特·班度拉（Albert Bandura）指出，行動與信念是相互強化的。當一個人將正向的思考付諸於日常的小行動中，例如每日完成一項具挑戰性的任務，或是主動學習新技能，這些行動會產生正向的結果，進而在潛意識中

第五章　正向思考的習慣

強化正向的信念。這種「行動－成果－信念」的循環,能讓正向思考不斷被強化與更新。

第三,社會支持系統也是正向思考持續性的外部動力。心理學家布芮妮·布朗(Brené Brown)發現,真誠的人際連結與支持性社群,能幫助人在逆境中找到情感上的支持,並減輕孤獨感。當我們身邊有正向思考者的陪伴,能在互動中互相鼓勵、分享正向經驗,進一步鞏固正向思維的穩定性。

正向思考的持續性,還需要與內在目標與價值結合。心理學家愛德華·德西(Edward Deci)與理察·瑞恩(Richard Ryan)在自我決定理論中指出,當行動與內在價值一致時,能產生更持久的動機與心理韌性。正向思考若只是表面的樂觀,終究難以長久;唯有當正向態度與人生意義相結合,才能成為一種長期的心靈習慣。

舉例而言,許多長期投身於社會服務或公益事業的人,往往都展現出高度的正向思維,因為他們在助人過程中,找到了與個人信念一致的意義。這種意義感,讓正向態度不只是應付生活壓力的工具,而是人生的信念與使命。

總結而言,正向思考的持續性,是需要結合自我覺察、行動實踐、外部支持與內在目標等多面向的。拿破崙·希爾提醒我們:「真正的正向思維,不是偶爾的高昂情緒,而是

第五節　正向思考的持續性

能持續在挑戰與挫折中,找到希望與前進的力量。」當我們學會把正向思考內化為生活態度,並在每日的行動與互動中持續練習,它將成為人生中最堅實的後盾。

第五章　正向思考的習慣

第六節　如何排除負面思維

負面思維是心理的重擔,會影響一個人的情緒、行動力,甚至身心健康。心理學家馬汀·塞利格曼(Martin Seligman)認為,負面思維往往像黑暗的濾鏡,扭曲了對世界與自己的認知,讓人陷入無力與退縮的循環。拿破崙·希爾也提醒我們:「負面思維是成功的絆腳石,只有學會排除它,正向思考才能成為生活的常態。」

如何排除負面思維?首先,覺察是關鍵。心理學家丹尼爾·高曼(Daniel Goleman)指出,唯有先覺察到自己陷入負面的循環,才有機會轉換思考模式。每天花一點時間靜下心,問自己:「我此刻的思維是正面還是負面?」這種簡單的自我對話,能像燈塔一樣,提醒自己不要被負面思緒淹沒。

第二,透過行動切斷負面思維的慣性。心理學家亞伯特·班度拉(Albert Bandura)強調,行動是心理模式的最佳調整器。當意識到自己被負面情緒困住時,試著做一些小而有意義的行動:整理房間、散步、寫日記。這些小行動能喚醒身心的動能,從而減緩負面情緒的黏著力。

第三,善用正向的自我暗示。心理學家唐納德·梅金鮑姆(Donald Meichenbaum)發現,語言是改變信念的關鍵工具。每天給自己正向的提醒,如「我有能力面對挑戰」、「我值得擁

第六節　如何排除負面思維

有幸福」等語言，能在潛意識中建立起對自己的信任與希望。

舉例而言，許多成功者在面對失敗時，會有意識地用正向的語言與思維，讓自己不至於被短暫的挫折打敗。他們不會告訴自己「我不行」，而是會說「我還能再試一次」或「我學到了什麼」。這種語言的力量，能扭轉心態，也讓行動更有持久的動力。

第四，環境的選擇與調整，也是排除負面思維的重要環節。心理學家布芮妮・布朗（Brené Brown）強調，支持性的社會環境能提供正向的情感能量，幫助人更快從負面思維中走出來。當我們主動與態度正向的人相處，或參加正向的社群活動，就像為心理注入一股活力的泉源。

第五，培養彈性思維與成長型心態。心理學家卡蘿・杜維克（Carol Dweck）認為，當人們相信自己有學習與成長的空間，會更少陷入負面思維的泥淖。面對挑戰時，從「我失敗了」轉向「我還在學習」，這種思維的彈性，是讓人走出消極陰影的光源。

總結而言，排除負面思維不只是一次性的努力，而是需要不斷練習的生活功課。拿破崙・希爾提醒我們：「排除負面思維，是讓正向思考扎根的第一步。」當我們學會與自己的負面情緒對話、用行動證明可能性、並在正向的環境中找到支持，正向思維就能在心中生根，成為生命中最有力的養分。

第五章　正向思考的習慣

第七節　正向思考的轉化技術

　　正向思考的轉化技術，是一種將挑戰與困難轉化為學習機會、把壓力與恐懼轉化為行動動力的方法。拿破崙·希爾提醒我們：「正向思考不只是理想，而是將困境視為機遇，讓內在的信念與行動結合的橋梁。」心理學家馬汀·塞利格曼（Martin Seligman）也強調，正向思考並非天生，而是可以透過具體的心理技術與策略不斷訓練與強化的。

　　正向思考的第一個轉化技術，是重新詮釋困境的語境。心理學家丹尼爾·高曼（Daniel Goleman）認為，人的情緒與思考模式密切相關。當我們面對壓力時，若能學會從「我被困住了」轉向「這是讓我成長的機會」，便能在語言與認知上為自己開啟新的可能性。這種語境的轉換，是心理彈性的展現，也是正向思考的第一步。

　　第二個技術是「小行動」法。心理學家亞伯特·班度拉（Albert Bandura）指出，行動能強化自我效能感，讓人從無助感中走出來。當面對大挑戰時，試著將問題拆解為小小的行動步驟，像是每天學習 10 分鐘、每天與人分享一次好消息等。這些小行動不僅能在日常中累積成就感，還能在心理層面上鞏固正向思維的基礎。

第七節　正向思考的轉化技術

第三，正向的自我對話也是轉化技術之一。心理學家唐納德・梅金鮑姆（Donald Meichenbaum）強調，內在語言會影響心理狀態與外在行動。當我們在腦中與自己對話時，若能有意識地用正向、支持性的語言，像是「我有能力面對這一切」、「這是我邁向下一步的機會」，便能轉化負面的能量為積極的行動力。

第四，視覺化的技術也能有效轉化思維。心理學家艾美・柯蒂（Amy Cuddy）指出，當人們透過視覺化練習，把理想的結果與積極的行動在腦中描繪出來，會在潛意識層面強化信心與動力。透過每天花幾分鐘想像自己完成挑戰後的喜悅與成就感，能讓大腦自然而然地傾向正向的選擇。

此外，正向思考的轉化還需要支持性的社會環境。心理學家布芮妮・布朗（Brené Brown）發現，與態度正向的人建立連結，能讓人在情緒低潮時，獲得正向的能量與建設性的回饋。當我們在一個正向、支持的環境中學習與互動，正向思考的習慣會被不斷強化，並在實踐中更具韌性。

舉例而言，運動員在比賽前，會透過自我對話與視覺化，將緊張情緒轉化為興奮與專注。創業家在面對市場挑戰時，會透過積極的小行動，像是每天與新客戶對話，讓未知的恐懼轉化為具體的行動路徑。這些例子說明，正向思考並不是單純的情緒，而是一種透過具體技術與日常練習，持續

第五章　正向思考的習慣

被實踐與鞏固的能力。

　　總結而言,正向思考的轉化技術是一種生活策略,也是一種心理的修練。拿破崙·希爾提醒我們,正向思維的真正力量,不在於逃避困難,而在於在困難中看見機會,並用每一次的挑戰,鍛鍊出更堅韌的心靈。當我們學會在日常中不斷練習這些技術,正向思考就會成為面對世界的習慣,也成為人生中最可靠的力量。

第八節　正向思考的日常實踐

　　正向思考的日常實踐，是讓正向心態成為生活習慣、成為日常的選擇。心理學家馬汀・塞利格曼（Martin Seligman）在其樂觀心理學研究中強調，正向思維的真正力量，不在於瞬間的激情，而是能夠在日常中被不斷練習、反覆驗證，並最終成為一種面對世界的穩定心態。拿破崙・希爾也提醒我們：「正向思考是每一天的功課，唯有日復一日的實踐，才能讓它成為人生的基石。」

　　正向思考的日常實踐，首先從早晨的思維啟動開始。心理學家丹尼爾・高曼（Daniel Goleman）指出，人的第一個念頭，往往決定了當天的情緒基調。當我們在晨起時，就有意識地設定一個正向的語言或想法，如「今天我會更有力量面對挑戰」或「我值得擁有今天的幸福」，便能為一整天奠定正向的基礎。

　　其次，學習將正向思考融入日常小行動。心理學家亞伯特・班度拉（Albert Bandura）強調，行動是自我效能感與信念的強化工具。每天設定一個小小的正向任務，像是微笑面對陌生人、寫下一件感恩的事、或是主動幫助他人，這些微小而可行的正向行動，能累積心理上的正向循環，讓正向思考在生活中不斷被實踐。

第五章　正向思考的習慣

　　第三，透過日誌與反思，鞏固正向思維的習慣。心理學家唐納德·梅金鮑姆（Donald Meichenbaum）提出，記錄與書寫能將思緒具體化，幫助我們檢視自己的情緒與思考模式。每天花幾分鐘寫下自己的心情、挑戰與小小的進步，能在反思中看見正向思考的軌跡，也讓人更有信心面對明天的挑戰。

　　正向思考的日常實踐，還需要從社會互動中汲取正向能量。心理學家布芮妮·布朗（Brené Brown）發現，與態度正向的人為伍，能讓人更快從情緒的低潮中恢復。當我們與態度正向的夥伴互動，互相鼓勵與肯定，這種人際間的正向迴路，會進一步強化自己的正向態度。

　　舉例而言，許多運動員在日常訓練中，會用「今天比昨天更好」的心態面對每一次訓練；創業家則在面對市場的未知時，選擇「問題是機會的開始」的視角；學生在學習中，則用「每一次挑戰都是成長的跳板」的信念，面對知識的困難。這些日常實踐，都是正向思考的具體展現。

　　總結而言，正向思考的日常實踐，是一種生活態度的鍛鍊。拿破崙·希爾提醒我們，正向思考不該只是理論，而要成為每天的選擇與行動。當我們在日常的每一個小行動中，選擇正向的語言、正向的解讀與正向的回應，正向思考就會在潛移默化中，成為面對世界的堅實底色，讓人生旅程更加明亮與有力量。

第六章
培養自律的態度

第六章　培養自律的態度

第一節　自律的定義

自律是一種能夠管理自我、主動調整行為與情緒，並且持續為目標努力的心理與行為能力。拿破崙·希爾認為：「自律是成功的起點，它是讓願望從心中走到現實世界的橋梁。」心理學家愛德華·德西（Edward Deci）與理察·瑞恩（Richard Ryan）在自我決定理論中強調，自律是一種內在動機的實踐，讓人不依賴外在壓力，也能自發地朝向長期目標前行。

自律的本質，首先展現在對自我行為的約束與調整。心理學家亞伯特·班度拉（Albert Bandura）在自我效能理論中指出，自律是自我效能感的外化：一個人相信自己能面對挑戰，因此能在欲望與理性間保持平衡，選擇最有利於長遠目標的行動。這種選擇，正是自律的核心。

自律並不只是壓抑欲望或約束自己，它更是對價值與目標的深刻認同。心理學家卡蘿·杜維克（Carol Dweck）在成長型心態理論中說明，自律來自於對學習與改變的信念。當人們深信「我可以透過努力與練習變得更好」，自律就成為達成目標的自然選擇，而非被迫的犧牲。

從行動層面看，自律是一種長期行為的規律化與系統化。心理學家史蒂芬·柯維（Stephen Covey）指出，自律就是在外在誘惑與短期舒適中，選擇與長期目標一致的行動。

第一節　自律的定義

這種選擇往往不是輕鬆的,而是需要不斷地對抗懶惰、懷疑與恐懼。自律讓人不被情緒牽制,能在生活的複雜性中保持穩定與清晰。

舉例而言,運動員每天清晨起床訓練,儘管身體疲憊,但內心對於目標的堅定讓他們一次又一次走進訓練場;學生面對長時間的準備與壓力,因為知道知識的累積是未來的基礎,於是選擇堅持學習。這些例子說明,自律不只是意志力的展現,更是目標導向的生活哲學。

心理學家馬汀‧塞利格曼(Martin Seligman)則從情緒管理的角度看待自律:自律的人能在情緒起伏中找到平衡點,學會延遲滿足,而不被當下的感覺左右。這種心理韌性,讓人能更有耐心地等待成果的累積,而非急於求成或輕易放棄。

在現代社會,自律的定義也與自我管理與自我領導力結合得更加緊密。心理學家丹尼爾‧高曼(Daniel Goleman)在情緒智商理論中指出,自我管理能力是情緒智商的核心,也是自律的表現。他認為,自律意味著能在情緒高漲或低落時,仍然選擇與目標一致的行動,而非衝動反應。

總結而言,自律的定義不僅是簡單的「約束自己」,而是一種深刻的內在對話與自我領導的力量。拿破崙‧希爾提醒我們,唯有學會自律,才能在變化與誘惑的世界中,始終走在自己選擇的道路上,並最終抵達心中的目標。

第六章　培養自律的態度

第二節　自律的動機來源

　　自律的動機來源，是自我建設與成長的起點。拿破崙・希爾認為：「真正的自律，不只是約束外在行為，更是來自內心深處對目標的渴望。」心理學家愛德華・德西（Edward Deci）與理察・瑞恩（Richard Ryan）在自我決定理論中指出，內在動機與外在動機交織而成，構成自律的動力基礎。

　　首先，內在動機是自律最根本的驅動力。心理學家馬汀・塞利格曼（Martin Seligman）認為，當一個人認同目標的意義，並在其中找到價值感與成就感，自律就會成為自然的選擇。內在動機往往來自對目標的熱愛與真誠的興趣，而非單純的外在壓力。例如：一位畫家日夜作畫，並不是因為別人的期待，而是因為藝術創作本身就帶給他無限的滿足與快樂。

　　其次，外在動機也在自律形成的過程中扮演著輔助角色。心理學家丹尼爾・高曼（Daniel Goleman）指出，社會認同與外部激勵，能在初期幫助人建立自律的行為模式。像是學生在老師或父母的期望下，開始養成規律的學習習慣；運動員在比賽榮譽的推動下，培養出嚴格的訓練紀律。外在動機，雖然無法取代內在動機，但能成為自律養成的「啟動器」。

第二節 自律的動機來源

再者,心理學家卡蘿‧杜維克(Carol Dweck)在成長型心態理論中指出,信念對自律動機的影響不容忽視。當人們相信自己有能力透過努力進步,這種信念會激發持久的自律動機。相反地,若陷入固定型心態,認為能力無法改變,則自律往往會因缺乏信心而中斷。

自律的動機來源,也與價值觀的整合密不可分。心理學家史蒂芬‧柯維(Stephen Covey)指出,當目標與個人深層價值一致時,自律便不再是外在壓力,而是內在的自然流動。舉例來說,若一位醫師深信「我的工作是拯救生命」,那麼熬夜值班與持續進修,就不再只是壓力,而是對價值的實踐。

此外,情緒管理與心理韌性是維持自律動機的重要支撐。心理學家亞伯特‧班度拉(Albert Bandura)認為,當人們在面對困難時,能透過正向思考與自我對話管理情緒,就能避免在壓力下輕易放棄自律。換句話說,懂得安撫內心焦慮與恐懼的人,能在挑戰中持續找到內在的動力。

從實際的行動層面來看,將目標拆解為可實現的小步驟,也能強化自律的動機來源。心理學家唐納德‧梅金鮑姆(Donald Meichenbaum)指出,當行動變得可行並有成就感,內在動機就會隨著每一次的小成功而被強化。這種「行動—成果—自律動機」的正向循環,是自我成長中不可或缺的基礎。

第六章　培養自律的態度

　　總結而言，自律的動機來源是多層次且動態的，結合了內在的熱愛、外在的推動、信念的支持與價值的認同。拿破崙・希爾提醒我們：「自律從來不是外在的枷鎖，而是內在力量的綻放。」當我們願意正視並培養這些動機來源，自律就不再是艱難的約束，而是成為人生旅程中最堅實的同行者。

第三節　自律與成功的關聯

　　自律是成功的基礎，這一點無論在哪個領域都適用。拿破崙・希爾說過：「自律是成功者的共通特質。」心理學家愛德華・德西（Edward Deci）與理察・瑞恩（Richard Ryan）在自我決定理論中強調，內在的自我調節是行動持久化的基礎，而這種自我調節正是自律的核心。從心理學、社會學到實務經驗，自律與成功的關聯，都有其深刻的理論與現實基礎。

　　自律與成功的第一個關聯，在於自律是目標實現的持久動力。心理學家亞伯特・班度拉（Albert Bandura）指出，目標的實現需要自我效能感的支撐，而自我效能感往往與日常的自律行動有直接關聯。換句話說，自律讓人在面對挑戰時能堅持，而這種堅持，正是通往成功的唯一道路。

　　第二，自律有助於抵抗短期誘惑，專注於長期目標。心理學家華特・米歇爾（Walter Mischel）在著名的「棉花糖實驗」中發現，能夠延遲滿足的孩子，日後在學業與職業上表現更優秀。這說明了：自律能讓人超越當下的舒適，為未來的成功鋪路。

　　第三，心理學家馬汀・塞利格曼（Martin Seligman）在其樂觀心理學研究中指出，積極面對挑戰與不放棄的態度，是

第六章　培養自律的態度

成功者的重要心理特質。這種態度，往往來自自律的支持。自律讓人能在面對失敗與挫折時，不被負面情緒吞噬，而是重新出發。

從行動層面看，自律讓人更有條理地管理時間與精力。心理學家史蒂芬・柯維（Stephen Covey）提出，成功者的共通特質之一，就是能在眾多事務中，明確區分「重要」與「緊急」，並且堅持執行重要的任務。這種區分與執行力，正是自律的展現。

自律也與健康息息相關。研究顯示，擁有高自律能力的人，通常更重視健康習慣，例如運動、飲食與睡眠。這些良好的生活習慣，進一步支撐了他們在工作與生活中的表現與成功。反之，缺乏自律的人，容易陷入不良的生活方式，進而影響工作表現與人際關係。

舉例而言，許多企業家與創業家，都把自律視為成功的基礎。他們往往在生活中建立一套嚴謹的自我管理系統，無論是固定的工作節奏、持續學習，還是規律的生活習慣。這些自律行動，讓他們能在高壓環境中，依然保持穩定的輸出與成長。

總結而言，自律與成功的關聯，是多層次且動態的。自律不是壓抑，而是管理與引導內在的渴望；不是僅僅應付，

第三節　自律與成功的關聯

而是有系統地培養持久的動力。拿破崙・希爾提醒我們：「成功不是偶然，而是日積月累的自律與行動的結晶。」當我們把自律當作每日的習慣，成功也就從遠方的夢想，逐步轉化為眼前的現實。

第六章　培養自律的態度

第四節　自律的基本原則

自律，是一種系統化的心理能力與行動習慣，它需要有明確的原則來支撐，才能在長期挑戰與短期誘惑間，始終保持穩定與堅持。拿破崙·希爾認為：「自律是一種思維與行動的協調，是讓渴望變成行動，行動變成結果的橋梁。」心理學家愛德溫·洛克（Edwin Locke）與蓋瑞·萊瑟姆（Gary Latham）也強調，目標的明確性與行動的一致性，是自律的基礎。以下，將從心理、行動與環境等面向，系統化呈現自律的基本原則。

第一個原則：目標清晰且具體。心理學家亞伯特·班度拉（Albert Bandura）在自我效能理論中指出，明確的目標是行動的方向，也是內在動機的源泉。當目標具體化時，能讓自律不再是模糊的壓力，而是變成有方向、有意義的選擇。舉例來說，「每天閱讀30分鐘」遠比「我要多看書」更能具體引發自律行為，因為前者具體、可執行、可追蹤。

第二個原則：學會延遲滿足，抵抗短期誘惑。心理學家華特·米歇爾（Walter Mischel）的「棉花糖實驗」顯示，能夠延遲滿足的人，通常在未來更有成就。自律，正是這種延遲滿足的實踐。當面對短期的舒適或即時的欲望時，能夠堅定地將目光放在長期目標，這種選擇是自律的核心考驗。

第四節　自律的基本原則

第三個原則：結合日常習慣，讓自律自然化。心理學家丹尼爾・高曼（Daniel Goleman）在情緒智商理論中提出，習慣的力量能減輕意志力的消耗。當自律行動能被編入日常生活的節奏，像是固定的運動時間、學習計畫，便不再需要每天與欲望搏鬥，而是轉化為日常的自動化行為。

第四個原則：培養正向的心理暗示與自我對話。心理學家唐納德・梅金鮑姆（Donald Meichenbaum）強調，語言是思維的載體，也是行為的先驅。當我們在面對挑戰時，能用正向、支持性的語言與自己對話，像是「我有能力面對這個挑戰」、「我願意堅持下去」，這些語言會在潛意識中，強化自律行動的持續力。

第五個原則：設定反思與調整機制。心理學家卡蘿・杜維克（Carol Dweck）的成長型心態理論提醒我們，完美並不存在，持續改進才是關鍵。自律的實踐需要定期的自我檢視與微調，才能避免陷入機械化或倦怠。透過日誌、定期回顧或與他人交流，能幫助我們看見自己的盲點，並適時調整策略。

第六個原則：尋找正向的社會支持。心理學家布芮妮・布朗（Brené Brown）研究指出，真誠的人際關係與支持能讓人在面對挑戰時，獲得更多的力量。自律不一定是孤軍奮戰；當我們能在家人、朋友或志同道合的夥伴中，找到互相

第六章　培養自律的態度

鼓勵與共鳴的力量,自律行動會更穩固,也更有人情味。

舉例而言,許多運動員會在日常生活中建立一個完整的自我管理系統:每天固定的訓練時間、記錄飲食與恢復情況、與教練或隊友分享心路歷程。這些結構化與社群化的支持,讓自律不再是冰冷的壓力,而是日常生活的一部分。

總結而言,自律的基本原則是一套動態的生活指南。拿破崙·希爾提醒我們,真正的自律不是死板的約束,而是能在變化中保持彈性、在挑戰中找到動力的智慧。當我們學會以目標為引導、習慣為依託、正向思維為燃料,並在反思與支持中不斷微調,自律便不只是外在行為,而是融入每一天、每一個選擇的生活態度。

第五節　自律的實踐步驟

　　自律的實踐，並非一蹴可及。拿破崙・希爾提醒我們：「成功的關鍵，不只是夢想，而是將夢想轉化為具體的行動步驟。」自律作為持續自我建設的核心力量，必須透過系統化且有條理的實踐步驟，才能讓它真正落實到日常生活中，成為推動成長的穩定力量。

　　自律的實踐步驟，首先要從明確的目標設定開始。心理學家愛德溫・洛克（Edwin Locke）與蓋瑞・萊瑟姆（Gary Latham）在目標設定理論中指出，明確且具挑戰性的目標能顯著提升行動的動力與堅持度。具體而言，設定「每天學習30分鐘英文」比模糊的「我要學好英文」更有行動指向，因為它能讓人每天明確知道下一步該做什麼。

　　接著，將大目標拆解為小步驟，是確保自律持續的關鍵。心理學家亞伯特・班度拉（Albert Bandura）認為，當行動目標過於龐大時，會讓人感到焦慮與無力。將目標拆分成小而具體的任務，像是「每天背10個單字」、「每週參加一次口語練習」等，不僅降低心理壓力，也能在每次達成小目標時，產生成就感與自我強化的正向循環。

　　第三步是建立固定的日常節奏與儀式感。心理學家丹尼爾・高曼（Daniel Goleman）指出，穩定的生活節奏與明確的

第六章　培養自律的態度

日常儀式,能減輕自律的「意志力消耗」。例如:設定每天早晨的讀書時段,或每天傍晚的冥想練習,當這些行為變成固定的日常,便不需要再用大量意志力去抗拒誘惑,自律也就變得自然且持久。

第四步,學會透過自我對話來加強自律的動力。心理學家唐納德・梅金鮑姆(Donald Meichenbaum)指出,正向的自我對話能讓人在面對挑戰時,轉化恐懼與懷疑為自信與行動。當你面臨想放棄的時刻,嘗試對自己說:「這是我想要的成果,現在的堅持很重要。」透過語言的力量,讓內心的信念與外在的行動保持一致。

第五步是利用環境優化來支持自律行為。心理學家布芮妮・布朗(Brené Brown)發現,環境的正向支持能夠減輕行為改變的阻力。這可以是與態度正向的朋友同行、參與支持性社群、甚至是整理工作空間,創造出有利於專注與自律的外部條件。當環境充滿正向的能量,自律行動也更能持續下去。

最後,定期的自我檢視與調整是確保自律長期有效的關鍵。心理學家卡蘿・杜維克(Carol Dweck)提出,成長型心態者懂得把挑戰視為學習與成長的機會。透過每週或每月的自我檢視,檢視自己的進展與障礙,並在必要時做出策略調整,讓自律行為不斷優化,避免陷入過度僵化或自我懷疑。

第五節　自律的實踐步驟

　　舉例而言，許多企業家與運動員，正是透過這樣的系統化步驟，讓自律成為日常的一部分。每天固定的訓練時間、與教練討論進度、透過冥想保持內心穩定，這些日常步驟，構築了他們在高壓環境下依然能持續進步的基礎。

　　總結而言，自律的實踐步驟不只是條列的清單，而是每天的實際練習與自我對話的結合。拿破崙・希爾提醒我們，真正的改變，來自每一個小小的選擇與行動。當我們願意每天多付出一點努力，並在反思與調整中持續前進，自律將不再是壓力，而是通往夢想的可靠橋梁。

第六章　培養自律的態度

第六節　自律的挑戰與突破

自律的培養,是一條充滿挑戰的旅程。心理學家馬汀·塞利格曼(Martin Seligman)指出,自律不是一蹴可幾的結果,而是長期心理韌性與行動的一致累積。拿破崙·希爾強調:「唯有在挑戰中,才能真正認識並強化自律。」自律的挑戰與突破,關乎心理層面、行動層面,乃至環境的適應與調整。

自律的第一個挑戰,是抵抗短期誘惑與即時滿足的本能。心理學家華特·米歇爾(Walter Mischel)的研究顯示,人類天生偏好即時的快感,而非長期的利益。面對美食、舒適的沙發或手機的吸引,內心的渴望往往比目標更強烈。自律的突破,在於如何提醒自己「未來的果實比當下的甜頭更值得」,並以具體的目標取代短暫的衝動。

第二個挑戰,來自行動慣性的拉力。心理學家丹尼爾·高曼(Daniel Goleman)指出,習慣是一種省力的行為模式。改變舊習慣,建立新習慣,意味著面對不確定與內心的焦慮。自律的突破,就是從微小的行動開始,像是每天提早10分鐘起床、每天一杯水取代含糖飲料等。這些小小的改變,會逐步堆疊成更堅強的自律基礎。

第六節　自律的挑戰與突破

　　第三，情緒的波動與外界的壓力，也常是自律的絆腳石。心理學家布芮妮・布朗（Brené Brown）發現，當人處於焦慮或自我懷疑時，往往更難堅持自律行動。拿破崙・希爾提醒我們，正向的自我對話與情緒管理，是突破情緒波動對自律侵蝕的武器。告訴自己：「這些情緒終將過去，而我對目標的承諾會留下來。」

　　第四，自律挑戰來自環境的阻力與社會壓力。心理學家卡蘿・杜維克（Carol Dweck）在成長型心態理論中強調，外在環境會放大內在的不安全感。當身邊的人質疑改變的必要，或當環境中缺乏支持性的氛圍，個人的自律會面臨孤立與懷疑。突破的方式，是找到正向的社群支持與榜樣。當我們與志同道合的人互動，能在他人的行動中看到自己的可能性。

　　第五，自律的挑戰還來自內心深處對失敗的恐懼。心理學家唐納德・梅金鮑姆（Donald Meichenbaum）認為，自律常常被過度完美主義或對失敗的恐懼所困擾。學會接受「不完美的自律」——即便偶爾失敗，也要以調整與成長的態度看待自己。這種接納，能讓人從自我苛求中解放出來，更專注於行動本身的價值。

　　舉例而言，許多專業運動員在突破自律挑戰時，都要面對比賽的壓力、傷病的考驗與外界的批評。真正能持續向前

第六章　培養自律的態度

的人,往往是那些在失敗後仍然能說服自己再站起來的人。他們懂得:「自律不是不曾失敗,而是願意從每一次的失敗中學習與調整。」

　　總結而言,自律的挑戰與突破是一場深刻的心理與行動修練。拿破崙・希爾提醒我們,真正的堅持,來自面對挑戰時的每一個小小選擇。當我們學會在面對誘惑時提醒自己、在面對環境壓力時找到支持、在面對失敗時調整心態,自律便不再是壓力,而是逐步累積的自我信任與行動智慧。這條路不易,但每一步的突破,都會讓我們更接近想要的自己。

第七節　自律的維持與自我監督

　　自律的養成，是一種長期的功課，而非一時的衝動。拿破崙·希爾指出：「自律不是一種短暫的激情，而是生活中點滴堆疊起來的自我管理能力。」心理學家亞伯特·班度拉（Albert Bandura）認為，持續的自律需要透過行為監督與心理調整，讓自律行為內化為穩定的生活習慣。這一節，我們將探討如何維持自律，以及如何透過自我監督，讓自律行為在生活中根深蒂固。

　　自律的維持，第一步在於建立明確的監督與檢視機制。心理學家丹尼爾·高曼（Daniel Goleman）在情緒智商理論中提出，自我覺察是持續行動的重要起點。每天花幾分鐘，問自己：「我今天做了什麼與目標有關的事？」或者「我的行動有沒有與長期計畫對齊？」這些自我提問，能在日常中喚起行動的意識，避免在慣性中迷失。

　　第二，設定固定的回顧與檢視時段。心理學家唐納德·梅金鮑姆（Donald Meichenbaum）建議，透過日誌或定期的反思，將自律的過程可視化。每天寫下自己的進度、遇到的挑戰與突破，或是每週進行一次「小總結」。這種回顧，讓行動不再是機械式的執行，而是帶有覺察與調整的活力。

第六章　培養自律的態度

　　第三，利用正向的自我對話來持續激勵自己。當遇到挫折與疲憊時，正向的語言能成為心理上的支撐。心理學家卡蘿・杜維克（Carol Dweck）提醒我們，成長型心態者會告訴自己：「我還能進步」、「我做得到」。這種語言的力量，能在面對挑戰時，成為持續行動的後盾。

　　第四，尋找環境與人際的支持系統，讓自律不再是孤軍奮戰。心理學家布芮妮・布朗（Brené Brown）強調，支持性的社交網絡，能提供情感上的慰藉，減輕自律過程中的孤獨感。無論是找到志同道合的夥伴，還是與導師、教練交流，都能在互動中獲得新的動力與方向。

　　第五，學會彈性調整與自我接納。心理學家馬汀・塞利格曼（Martin Seligman）認為，過度僵化的自律，容易讓人在壓力下失去熱情。學會接納偶爾的失敗，並將其視為成長的養分，能在心理上讓自律更持久，也更具彈性。每一次的調整，都是在不斷精進自己。

　　舉例而言，許多運動員在賽季外也會維持基本的體能訓練，透過紀錄表與教練指導，讓自律不會因缺乏比賽壓力而中斷。企業家則會透過每週的目標檢視會議，確保行動與大方向保持一致。這些日常的自我監督，正是自律維持的動態平衡。

第七節　自律的維持與自我監督

　　總結而言,自律的維持與自我監督,是讓目標不再只是夢想,而是一步步落實到生活的根本力量。拿破崙·希爾提醒我們:「真正的自律,不是外在壓力,而是內心對未來的承諾。」當我們學會用覺察、行動、支持與調整來管理自我,自律便會從外在的行為,變成一種內在的穩定力量,支撐我們跨越每一個挑戰。

第六章　培養自律的態度

第八節　自律的持續深化

　　自律的持續深化，是自我建設最關鍵的進階層面。心理學家馬汀・塞利格曼（Martin Seligman）認為，自律的持久力並非一開始就完美，而是在不斷的練習與反思中逐漸深根。拿破崙・希爾更是強調：「自律是一種終生學習與自我精進的習慣，它在每個挑戰中被磨練、在每個選擇中被強化。」要讓自律從短暫的努力，轉化為深層的生活態度與內在信念，就需要從心理、行動與價值整合三個面向持續深化。

　　首先，心理層面的深化，意味著把自律內化為自我認同的一部分。心理學家卡蘿・杜維克（Carol Dweck）指出，成長型心態是持續深化自律的核心：當一個人認為自己永遠有成長與進步的空間，就更能將自律視為一種自我探索與自我實現的過程，而非一種壓抑或強迫。這樣的心態，能在遇到挫折時保持彈性，並在自律中找到自我實現的樂趣。

　　第二，行動層面的深化，需要讓自律從「任務」變成「習慣」，再進一步升華為「生活哲學」。心理學家亞伯特・班度拉（Albert Bandura）強調，行動與信念的循環是自律深化的基礎。透過每天的規律行動與小小的堅持，我們會逐漸發現：自律已經不再只是為了達成某個目標，而是一種讓自己與世界更協調、更有秩序的生活方式。

第八節　自律的持續深化

　　第三，價值整合是自律持續深化的靈魂。心理學家愛德華‧德西（Edward Deci）與理察‧瑞恩（Richard Ryan）在自我決定理論中提到，當目標與個人價值觀一致時，內在動機會被顯著提升。換句話說，自律不只是「我該做什麼」，而是「我相信什麼」。當自律行動與個人核心信念相連結，無論外在環境如何變化，這種從內而外的力量，會讓自律更持久、更深刻。

　　舉例而言，許多專業人士與藝術家，在多年耕耘中，會從「工作責任」轉變為「使命感」的自律動力。對他們而言，早起、練習、學習，已不再只是目標管理的一部分，而是與內心信念緊密結合的生活態度。這種從外在驅動轉向內在驅動的過程，就是自律持續深化的最佳展現。

　　在實踐層面，自律的深化還需要持續的反思與自我調整。心理學家唐納德‧梅金鮑姆（Donald Meichenbaum）建議，將定期反思納入生活節奏，如每週、每月進行自我回顧。這不僅能鞏固已經建立的自律習慣，也能釐清哪些行動已不再適合，哪些需要升級與微調，讓自律行為與內心價值不斷對齊。

　　當然，外部支持仍是深化自律的重要助力。心理學家布芮妮·布朗（Brené Brown）發現，與正向、支持性的人為伍，能減少改變過程中的孤單與焦慮。分享挑戰與學習，互相給

第六章　培養自律的態度

予鼓勵與回饋,這些互動能讓自律行動在生活中更穩固,更能持續深化。

總結而言,自律的持續深化,是一場內在的修練與外在的行動實踐。拿破崙‧希爾提醒我們,真正的自律不是一朝一夕的熱血,而是持續在生活的每個細節中,與自己對話、與世界協調的過程。當自律從外在約束轉化為內在信念,從行動習慣變成生活態度,人生的每一步,都會更穩健、更接近真正的自由與成就。

第七章
自信與決斷的力量

第七章　自信與決斷的力量

第一節　自信的養成之道

　　自信，是面對未知與挑戰時最堅實的內在力量。心理學家威廉‧詹姆斯（William James）指出：「相信自己有能力，就等於已經擁有成功的一半。」拿破崙‧希爾更強調，自信是成功的起點，因為唯有自信，才能驅動行動、面對失敗、最終實現夢想。然而，真正的自信並非與生俱來，它是一種可以學習與養成的能力。

　　自信的養成，首先在於認識並接納自己的價值。心理學家卡爾‧羅傑斯（Carl Rogers）認為，自我價值感是自信的基礎。當一個人能坦然接受自己的獨特性與限制，並不再用外界標準苛求自己，內心便能穩固出一種不被動搖的自我信念。這種價值感，是面對外界質疑與挑戰時的心理底氣。

　　第二，行動是養成自信的關鍵。心理學家亞伯特‧班度拉（Albert Bandura）在自我效能理論中指出，透過實際的行動與經驗，個人會逐步累積「我能做到」的信念。這意味著，真正的自信並非空泛的幻想，而是在行動中一次又一次被驗證。每一次的小成功，都是自信的磚瓦，讓人在更大的挑戰前，依然保持堅定。

　　第三，正向思考與語言的力量，也是自信養成的重要資源。心理學家唐納德‧梅金鮑姆（Donald Meichenbaum）強

第一節　自信的養成之道

調，內在語言能強化或削弱心理力量。當一個人在面對挑戰時，習慣用「我做得到」、「我願意嘗試」等正向語言，便能在潛意識中建立出堅實的信念。相反，若習慣告訴自己「我不行」、「我失敗了」，自信便會在這種負面自我對話中逐漸流失。

第四，面對失敗與挫折時的態度，決定了自信能否持久。心理學家卡蘿・杜維克（Carol Dweck）在成長型心態理論中提醒我們，成長型心態者不把失敗視為能力的否定，而是當作學習的機會。當我們能用「我還在學習」取代「我做不到」，自信便能在每一次挫折中被重新鍛造，而非被擊潰。

第五，社會支持與榜樣學習，是自信養成的加速器。心理學家布芮妮・布朗（Brené Brown）發現，當人能在正向的社群與互動中獲得支持，會更願意嘗試新的挑戰，並從他人的成功經驗中找到信心。無論是家人、朋友還是同事，當他們給予肯定與鼓勵時，會讓個人在面對外部壓力時更能保持心理的穩定與行動的持續。

第六，將自信內化為生活中的一種習慣。心理學家史蒂芬・柯維（Stephen Covey）認為，自信不是一個目標，而是一種在生活細節中不斷累積的習慣。從每天的早起、運動、

第七章　自信與決斷的力量

學習,到與人互動時選擇真誠與主動,這些看似平凡的小行動,都是在心理層面累積自信的力量。

　總結而言,自信的養成之道,是一條由內而外、由小至大的路徑。拿破崙‧希爾提醒我們,真正的自信,來自於深刻認同自己的價值、持續行動與反思的累積,以及在挑戰中找到成長的樂趣。當我們願意每天多相信自己一分、多踏出一步,自信就會在日常中慢慢深根,成為面對世界時最可靠的力量。

第二節　自信與自我價值

　　自信與自我價值是彼此緊密交織的心理基礎。心理學家威廉·詹姆斯（William James）指出：「一個人對自己的信心，往往是他對自己價值感知的反映。」換句話說，當一個人深刻認同並接納自己的價值，才能在挑戰與壓力面前展現真正的自信。拿破崙·希爾也強調：「唯有相信自己值得，才能真正勇於嘗試與行動。」

　　自我價值，指的是一個人對自己存在意義與能力的內在感受。心理學家卡爾·羅傑斯（Carl Rogers）認為，自我價值感並非來自外界的認同，而是對自身存在的深度理解與接納。當一個人能坦然面對自己的優點與不足，並且相信自己值得被愛、被尊重，這種價值感便能成為內心穩固的支柱。

　　自信，是自我價值的外在表現。心理學家亞伯特·班度拉（Albert Bandura）在自我效能理論中指出，當人們相信自己有能力完成任務，會更願意投入行動並堅持下去。這種信念，正是自我價值感的外化。換言之，自信不是一種單純的情緒，而是一種基於對自己價值的深刻認同，所展現的行動勇氣與心理彈性。

　　在現代社會中，許多人習慣用外界的評價來衡量自我價值，像是外貌、收入或社會地位。然而，心理學家布芮妮·

第七章　自信與決斷的力量

布朗（Brené Brown）提醒我們，真正穩固的自我價值感，來自內在的自我對話，而非外在的標籤。當我們願意誠實地看見自己的渴望、恐懼與潛能，便能在喧囂的世界中找到屬於自己的力量。

舉例而言，運動員在面對高強度的訓練與比賽時，若只依賴外在的成績來評價自己，當成績不如預期時，往往會失去信心。反之，若他們能相信「我值得被肯定，因為我持續努力與挑戰自己」，這種內在的價值感，會讓自信不隨外在波動而起伏。

如何培養自我價值，進而強化自信？心理學家卡蘿・杜維克（Carol Dweck）在成長型心態理論中指出，關鍵在於將焦點放在「我正在學習、正在進步」的過程，而非「我必須完美」的結果。當人們把每一次嘗試視為對自我價值的實踐，而非對失敗的懲罰，自信便會在日常中被一點一滴地累積。

此外，正向的自我對話與語言，是自我價值感的維護者。心理學家唐納德・梅金鮑姆（Donald Meichenbaum）強調，內在語言能塑造自我概念。當我們學會用「我值得被愛」、「我有能力面對挑戰」等語言與自己對話，這種正向的話語會在潛意識中累積成支持性的心理能量，成為自信的沃土。

第二節　自信與自我價值

　　總結而言,自信與自我價值是互相滋養的雙生樹。拿破崙・希爾提醒我們,真正的自信,從來不是外界給予的,而是源自於內心對自我價值的深刻認同。當我們學會相信自己的價值、欣賞自己的努力,並在生活中不斷練習這種信念,自信就會像根深葉茂的大樹,無懼風雨,始終穩固。

第七章　自信與決斷的力量

第三節　自信與行動的關係

　　自信與行動之間，存在著一種相互依賴、彼此強化的關係。心理學家亞伯特‧班度拉（Albert Bandura）在自我效能理論中指出：「自信不是幻想，而是透過行動逐步累積的信念。」拿破崙‧希爾也曾說過：「行動是自信最好的見證者，唯有在行動中，才能讓信念不斷被驗證與強化。」這節，我們將深入探討自信與行動的互動循環，並說明它在生活中的實際意義。

　　自信的本質，來自於對自己能力的認可與信任。這種信任，並不是空穴來風，而是透過實際行動與真實經驗中一次又一次地被驗證。心理學家唐納德‧梅金鮑姆（Donald Meichenbaum）提醒我們，若只是停留在腦中的幻想與假設，自信往往會隨外界波動而搖擺；反之，透過具體的行動與練習，能在每一次的體驗中看見「我真的做得到」。

　　行動與自信的關係，首先表現在小目標的實踐上。心理學家史蒂芬‧柯維（Stephen Covey）認為，行動若能結合明確而可行的小步驟，便能在過程中產生連續的小成功。這些小小的成功，正是自信的養分，讓人能在下一個挑戰前，帶著更大的勇氣與信念前行。舉例而言，想提升公開演講的能力，與其一開始就挑戰大型舞臺，不如從與朋友分享小故事

第三節　自信與行動的關係

開始,透過一次次小成功,逐步累積信心。

第二,行動是轉化思考為真實的橋梁。心理學家卡蘿‧杜維克(Carol Dweck)的成長型心態理論指出,當人們勇於嘗試並從錯誤中學習,會在每一次的挑戰中,看到自己能力的可塑性。這種信念,會讓自信不再是脆弱的空談,而是從行動中誕生的堅實信心。

第三,行動能幫助人從失敗中找到成長的空間。心理學家馬汀‧塞利格曼(Martin Seligman)在樂觀心理學中指出,真正的樂觀與自信,來自於能將失敗視為暫時的挫折,而非永久的限制。當一個人持續行動,並從每一次的嘗試中學習,這種經驗會在潛意識中累積成「我有能力面對挑戰」的自我肯定。

從實際的生活層面來看,行動與自信的循環常在許多領域被驗證。運動員在訓練與比賽中,透過一遍遍的練習與改進,累積對動作與策略的信任;企業家在市場中,透過小規模的測試與優化,逐步建立對商業模式的信心。這些例子說明,自信不是一蹴可及的心理狀態,而是行動與反思的長期累積。

當然,行動本身也需要自信的起點。心理學家愛德華‧德西(Edward Deci)與理察‧瑞恩(Richard Ryan)在自我決定理論中指出,當人們感覺到行動與個人價值觀一致時,會

第七章　自信與決斷的力量

自然展現更多的自信與主動性。這種內外一致的行動,不僅讓自信更具根基,也讓行動更有動力與持久力。

總結而言,自信與行動之間,存在著相互支持與強化的循環。拿破崙·希爾提醒我們,真正的自信,不是停留在夢想與口號,而是在一次次行動與嘗試中被驗證、被鍛鍊。當我們學會在行動中找到自我價值的證據,並用這些證據累積成穩定的信念,自信就會在生命的每個面向,成為最堅實的力量。

第四節　決斷力的本質

　　決斷力是面對複雜選擇時，能做出明確選擇並承擔後果的心理能力與行動能力。心理學家丹尼爾‧高曼（Daniel Goleman）認為，決斷力是情緒智商的重要面向，它不僅是理性與邏輯的展現，更是自信與價值觀的實踐。拿破崙‧希爾指出：「成功的人，總是懂得果斷決定，並堅持走下去。」

　　決斷力的本質，首先來自於清晰的目標感。心理學家亞伯特‧班度拉（Albert Bandura）在自我效能理論中強調，目標是行動的方向，沒有目標就缺乏決斷的基礎。當一個人對自己的價值觀與目標有清晰認知，決斷力就像磁針般，指引他在多重選擇中，找到最符合內在信念的路徑。

　　第二，決斷力源自於對不確定性的容忍與接受。心理學家馬汀‧塞利格曼（Martin Seligman）提醒我們，真正的決斷，往往不是「對或錯」的答案，而是面對不確定的情境，仍然勇於做出選擇。這需要心理韌性與風險承擔的勇氣，也是決斷力最真實的考驗。

　　第三，決斷力與自信密不可分。心理學家唐納德‧梅金鮑姆（Donald Meichenbaum）指出，內在語言能在關鍵時刻成為支持或阻礙。當我們能用「我有能力做出選擇」的態度看待自己，便能在外部的壓力與質疑中，堅守自己的決定。

第七章　自信與決斷的力量

這種來自自信的支持，是決斷力的心理支柱。

決斷力的本質，還展現在行動力的實踐。心理學家史蒂芬‧柯維（Stephen Covey）強調，決斷並非只是思想的產物，而是要能在具體行動中被落實。沒有行動的決斷，終將淪為空談；而有行動的決斷，會在每一次實踐中被檢驗與修正，進而愈加堅實。

舉例而言，運動員在比賽中必須做出瞬間決定，無論是進攻還是防守，決斷都決定了下一步的成敗；企業家在市場中面對轉型與挑戰，也必須在有限資訊中做出最適合當下的選擇。這些例子都說明，決斷力不是「完美的選擇」，而是「面對當下的行動勇氣」。

總結而言，決斷力的本質是一種心理力量與行動智慧的結合。拿破崙‧希爾提醒我們：「猶豫是成功的天敵，決斷則是機會的起點。」當我們願意在目標明確、內心穩定的基礎上，勇敢做出每一個小小的決定，決斷力就會在日常中被不斷強化，成為跨越挑戰的最強後盾。

第五節　如何提升決斷能力

決斷力是每個人面對生活與工作中無數選擇時，必不可少的心理素質與行動能力。心理學家亞伯特·班度拉（Albert Bandura）在自我效能理論中指出，能夠做出決定並執行，是自信與行動力的結合展現。拿破崙·希爾也說過：「提升決斷力，就是給自己更多機會去行動與成功。」那麼，該如何具體提升決斷能力呢？以下從心理、策略與實踐三個面向進行系統化分析。

首先，心理層面的基礎在於克服對決策的恐懼。心理學家馬汀·塞利格曼（Martin Seligman）發現，很多人做決定時，最大的障礙不是缺乏資訊，而是害怕錯誤與失敗。要提升決斷力，第一步是學會接受「沒有絕對完美的決定」。當我們能在心理上允許自己做出「當下最合理」而非「永遠正確」的選擇，便能減少猶豫與拖延。

第二，強化自我信念與自我效能感。心理學家唐納德·梅金鮑姆（Donald Meichenbaum）強調，正向的自我對話是決斷力的重要基礎。告訴自己「我有能力在有限資訊中做出合理判斷」、「我願意承擔決定的後果」，這種語言會在潛意識中逐漸累積成堅實的心理後盾。越是在困難中，這樣的自我暗示越能讓人冷靜並果斷。

第七章　自信與決斷的力量

　　第三，策略層面要學會分析與排序。心理學家史蒂芬‧柯維（Stephen Covey）提出的「要事第一」原則提醒我們，面對多重選項時，必須先明確自己最核心的目標與價值觀。把目標分清主次、列出利弊，能幫助我們從繁雜的選擇中快速過濾出最符合長期利益的方向。

　　第四，透過行動中的小決定累積經驗。心理學家卡蘿‧杜維克（Carol Dweck）認為，決斷力像肌肉一樣，需要在日常小事中不斷鍛鍊。每天從簡單的決定開始，比如「今天要學習什麼新知」、「今天的運動目標是什麼」，透過這種日常的決策實踐，讓自己更熟悉在壓力與不確定中，依然果斷的感覺。

　　第五，學會在不確定中快速行動。心理學家丹尼爾‧高曼（Daniel Goleman）認為，現代社會資訊繁雜，決策往往無法等待所有資訊到齊。此時，快速行動的勇氣勝過完美的規劃。透過「小步行動、快速回饋、持續調整」的策略，能讓決斷從理論走向實務，並在實踐中不斷優化。

　　舉例而言，企業家在市場轉型中，常常無法完全預測風險。真正成功的人，並不是因為他們知道所有答案，而是因為他們勇於在不完整的資訊中做出行動的決定，並在過程中不斷學習與修正。這種在不確定中仍然行動的態度，是提升決斷力的核心精神。

第五節　如何提升決斷能力

　　總結而言，決斷力的提升並不是一次性的爆發，而是持續的心理建設、策略訓練與日常實踐。拿破崙‧希爾提醒我們：「果斷是一種選擇，也是一種習慣。」當我們學會用正向的心理暗示支持自己，透過明確的排序與目標導向強化判斷，並在行動中累積經驗，決斷力就會在日常中不斷被磨練，成為面對挑戰時最堅實的武器。

第七章　自信與決斷的力量

第六節　自信與決斷的平衡

自信與決斷力是成功的雙翼。心理學家亞伯特·班度拉（Albert Bandura）認為，自信讓人勇於面對挑戰，而決斷力讓人不迷失在選擇的迷宮中。然而，拿破崙·希爾提醒我們：「自信與決斷力雖彼此呼應，但若失衡，也可能讓人陷入偏執或優柔寡斷。」因此，找到兩者之間的平衡，是生活與事業長久發展的關鍵。

自信與決斷力的平衡，首先展現在面對未知時的態度。心理學家馬汀·塞利格曼（Martin Seligman）強調，自信的基礎是相信自己的能力，而非否認困難的存在。過度的自信容易讓人忽略風險，變得盲目與固執。反之，健康的自信則讓人在承認挑戰時，依然選擇積極行動。決斷力也是如此：它並非無視未知的存在，而是在不確定中依然能快速做出行動的選擇。

第二，平衡意味著同時擁有謙遜與果斷。心理學家卡蘿·杜維克（Carol Dweck）指出，成長型心態讓人能承認自己仍有學習與進步的空間。當我們能放下「我什麼都知道」的僵化自信，就更能在決斷前傾聽他人的觀點，甚至在必要時修正決策。謙遜並不代表放棄果斷，而是讓決斷力更有彈性、更能與外界互動。

第六節　自信與決斷的平衡

　　第三，平衡在於「決定」與「行動」的連結。心理學家史蒂芬‧柯維（Stephen Covey）提出：「決定，若不付諸行動，終究只是空想。」自信讓人勇於做出決定，而決斷力則是將決定迅速轉化為行動的催化劑。兩者若能結合，就能在面對挑戰時，不僅敢想，更能堅持到底。

　　第四，平衡意味著持續反思與調整。心理學家丹尼爾‧高曼（Daniel Goleman）認為，反思是決斷與自信之間的橋梁。當行動結果與預期不符時，自信能讓人不輕易放棄，而反思與修正的習慣，則能讓決斷力不斷優化。換句話說，決斷後的反思，讓行動有更高的成功率，也讓自信不被盲目與固執綁架。

　　舉例而言，企業家在市場瞬息萬變的情況下，若沒有自信，將不敢嘗試創新；若只有決斷力卻缺乏自信，行動會缺乏持久的推力。唯有兩者平衡，企業家才能在機會與風險中找到前行的路。運動員在比賽中，也需要在自信的基礎上，快速做出戰術選擇，並在賽後檢討中再次修正與提升。

　　總結而言，自信與決斷力的平衡，是一種動態的心理力量與行動習慣。拿破崙‧希爾提醒我們，真正的成長與成功，不在於盲目的自信或過度的猶豫，而在於在每一次挑戰中，找到「我能做到」與「我願意行動」之間的平衡點。當我們在生活中持續鍛鍊這種平衡，人生的每個選擇，都會更有力量與智慧。

第七章　自信與決斷的力量

第七節　面對不確定的決斷

　　面對不確定的決斷，是現代生活與工作中不可避免的課題。心理學家馬汀·塞利格曼（Martin Seligman）指出：「不確定，是決斷力最真實的考驗。」拿破崙·希爾也提醒我們：「成功者，不是因為擁有所有答案，而是因為敢在不確定中邁出第一步。」如何在資訊不足、風險潛藏的情境下，依然果敢而理智地做出選擇，是每個人都需要學習的能力。

　　面對不確定的決斷，第一步是接受「絕對正確的答案並不存在」。心理學家卡蘿·杜維克（Carol Dweck）認為，成長型心態能讓人在面對未知時，保持學習與彈性。當我們不再用「對或錯」來看待每個選擇，就能以更開放的態度去面對風險，並從中找到行動的勇氣。

　　第二，學會聚焦核心目標。心理學家史蒂芬·柯維（Stephen Covey）提出：「要事第一」的原則，強調在多重抉擇中，必須回到最核心的目標與價值觀。當不確定時，目標就像燈塔，指引行動的方向。即使過程中必須隨機應變，核心目標的堅定，能讓決斷不偏離初衷。

　　第三，練習小步行動，降低決策的心理壓力。心理學家亞伯特·班度拉（Albert Bandura）強調，自我效能感能在小小的成功經驗中累積。面對不確定，與其期望一次性做出完

第七節　面對不確定的決斷

美的決定，不如先從「當下最合理的第一步」開始，並在行動中獲得回饋。這種「行動－調整－再行動」的策略，能讓人不被恐懼困住，反而在實踐中持續找到前行的動力。

第四，學會從多方觀點看問題。心理學家丹尼爾·高曼（Daniel Goleman）指出，情緒智商高的人，懂得傾聽他人觀點、蒐集多元資訊，並整合後做出最合適的決斷。當面對未知，這種開放的態度與彈性的資訊整合，能減少偏見與盲點，讓決策更具全局視野。

第五，面對不確定的決斷，也需要心理的彈性與自我接納。心理學家唐納德·梅金鮑姆（Donald Meichenbaum）提醒我們，面對未知，允許自己「不完美」的同時，仍然行動。這種自我接納，能減輕決策壓力，避免陷入過度自我批判的泥沼。

舉例而言，企業家在新市場投資時，往往無法完全預測所有風險。真正成功的創業者，並不是一開始就知道所有答案，而是透過小規模的測試、快速的市場回饋，持續優化策略，並在實踐中找到最符合現實的方向。運動員在比賽中，面對臨場變數與對手的不確定，也需要在瞬息萬變中果斷做出行動決定，並且在下一次比賽中再次修正。

總結而言，面對不確定的決斷，是結合心理彈性、核心目標與行動實踐的整合能力。拿破崙·希爾提醒我們：「成

第七章　自信與決斷的力量

功,從來不是因為擁有所有答案,而是敢在未知中找到行動的可能性。」當我們學會接納未知、行動中學習、並在每次挑戰後不斷調整,決斷力就會在未知的旅程中,成為我們最可靠的內在力量。

第八節　自信與決斷的實踐法

　　自信與決斷力，不是單靠理論就能培養的，它們需要在日常生活與行動中，透過具體的實踐逐步累積與深化。拿破崙・希爾提醒我們：「真正的自信與決斷，不是空談，而是在行動中被一次次驗證與強化的能力。」心理學家馬汀・塞利格曼（Martin Seligman）也強調，只有將積極心理與行動結合，才能讓自信與決斷力在現實生活中成長茁壯。以下，將從日常實踐的多個面向，提出可行的具體方法與練習策略。

　　第一，從小目標開始，培養「行動－信心－決斷」的正向循環。心理學家亞伯特・班度拉（Albert Bandura）提出，自我效能感需要在小小的成功經驗中逐步累積。每天設定一個簡單可行的小目標，並且堅持完成，像是「今天閱讀 20 分鐘」、「今天主動發表一個觀點」。這些小行動，看似微不足道，卻會在潛意識中堆疊成「我做得到」的心理信念，讓自信與決斷力在日常中不斷被強化。

　　第二，善用正向的語言與自我對話，鞏固內在的信念。心理學家唐納德・梅金鮑姆（Donald Meichenbaum）指出，語言會形塑思維與行動。每天用「我有能力面對挑戰」、「我值得被肯定」等正向語言與自己對話，能在潛意識中穩定自信，也讓決斷時的心理壓力減輕，行動更果敢。

第七章　自信與決斷的力量

　　第三,學會面對並接納不確定與失敗。心理學家卡蘿・杜維克(Carol Dweck)在成長型心態理論中指出,當我們把失敗視為學習與調整的機會,而非自我價值的否定,自信與決斷力就會更有韌性。舉例而言,當做了一個決定後,若結果不如預期,不要急著自我否定,而是問自己:「我學到了什麼?下次我可以怎麼做得更好?」這樣的心態,會讓下一次的行動更有底氣。

　　第四,建立固定的反思與行動檢視習慣。心理學家丹尼爾・高曼(Daniel Goleman)認為,情緒與行動的調整,必須透過有意識的反思來實現。每天花幾分鐘問自己:「我今天的決斷與行動,與我的目標一致嗎?」、「我在哪些時刻展現了自信與果斷?有哪些地方還需要學習?」透過這種持續的檢視與修正,能讓自信與決斷力在日常中不斷進化。

　　第五,積極參與支持性的社群與互動。心理學家布芮妮・布朗(Brené Brown)發現,與正向、真誠的人互動,能在挑戰中獲得更多的心理支持。參與學習社群、職涯討論圈,或是找一位導師或教練,能讓你在實踐中不再孤單,並從他人的回饋中,看見更多自己的潛力與方向。

　　第六,將核心目標與自我價值整合,讓自信與決斷不只是技巧,而是生活態度。心理學家史蒂芬・柯維(Stephen Covey)強調,唯有當行動與內在價值觀一致時,才能產生

第八節　自信與決斷的實踐法

真正的動力。當你清楚知道「我為什麼要這樣做」，即使面對未知或壓力，也能在核心價值的支持下，保持自信並做出行動。

　　總結而言，自信與決斷的實踐法，是結合目標設定、小步行動、正向語言、自我檢視、社群支持與價值整合的多層次策略。拿破崙・希爾提醒我們：「行動，是檢驗信念的唯一方式。」當我們在日常生活中不斷練習、調整與反思，這些小小的實踐會在心中累積成強大的自信，也會在每一次行動中，鍛鍊出果斷而穩健的決斷力。

第七章 自信與決斷的力量

第八章
樂觀心態的培養

第八章　樂觀心態的培養

第一節　樂觀心態的價值

樂觀心態是人類心理適應與成長的寶貴資產。心理學家馬汀・塞利格曼（Martin Seligman）在其樂觀心理學研究中指出：「樂觀者更能看見機會、接受挑戰，並在面對壓力時展現出心理韌性。」拿破崙・希爾則提醒我們：「樂觀不是天真的幻想，而是一種看見希望、並在現實中持續努力的生活態度。」

樂觀心態的價值，首先展現在心理健康的維護上。心理學家丹尼爾・高曼（Daniel Goleman）認為，樂觀的情緒能夠緩解焦慮、憂鬱與壓力，讓人在生活變動中保持平衡。樂觀者在遇到困難時，會更快從挫折中恢復，並保持面對下一步行動的積極性。這種心理的韌性，正是現代生活中不可或缺的內在資源。

第二，樂觀心態能增強自我效能感。心理學家亞伯特・班度拉（Albert Bandura）提出，自我效能感是指個人對自身能力的信任與期待。樂觀者在行動中，通常能更快看見自己的小小進步，並將之解讀為「我做得到」的證據。這種自我效能的強化，讓人在挑戰面前更有動力去持續努力。

第三，樂觀心態與身體健康也息息相關。研究顯示，樂觀的人比悲觀者更容易維持良好的免疫功能與心血管健康。

第一節　樂觀心態的價值

這是因為，樂觀者在面對壓力時，能減少壓力荷爾蒙的分泌，降低長期累積對身體的侵蝕。心理的健康，最終會轉化為生理的能量與活力。

從行動層面來看，樂觀心態還能提升決斷力與創造力。心理學家卡蘿・杜維克（Carol Dweck）指出，樂觀者更能在面對未知時保持開放心態，不輕易被恐懼困住。這讓他們在需要做出決定時，能更快走出焦慮，並勇於做出行動的選擇。樂觀者也更有可能在挑戰中發現新機會，因為他們習慣從不同的角度看待問題，激發出更多的創意思考。

舉例而言，企業家在市場變動時，若能用樂觀的態度看待挑戰，就更能在危機中找到新的契機。運動員在賽事中，若能以樂觀心態看待比賽壓力，往往能更好發揮技術與戰術，避免因焦慮而影響表現。這些例子都說明，樂觀心態是一種心理能量，能讓人在不確定與壓力中，保持行動的穩定與靈活。

樂觀心態的價值，也在於它能成為人際互動的潤滑劑。心理學家布芮妮・布朗（Brené Brown）發現，樂觀者在與人互動時，更能散發出正向的氛圍，讓他人更容易產生信任感。這種正向互動的特質，讓樂觀者更能建立支持性的社群，並在合作中產生更多的正向循環。

第八章　樂觀心態的培養

　　總結而言，樂觀心態的價值是全方位的，涵蓋了心理、行動、身體與人際層面。拿破崙·希爾提醒我們，樂觀不是忽視困難，而是選擇在每一次挑戰中，依然相信「我能做到」。當我們學會培養並維護樂觀心態，這股內在的光芒，將成為面對未知與挑戰時，最可靠的心靈後盾。

第二節　樂觀思維的養成

　　樂觀思維的養成，是一種心理習慣的建立與生活態度的轉化。心理學家馬丁・塞利根曼（Martin Seligman）認為，樂觀思維並非天生，而是可以透過有意識的練習與生活中的自我引導，逐步內化為一種心態。拿破崙・希爾提醒我們：「樂觀思維是將心中的信念與行動結合的橋梁，它讓人在挫折與未知中，依然看見希望與機會。」

　　樂觀思維的第一步養成，是學會覺察自己的想法與情緒。心理學家丹尼爾・高曼（Daniel Goleman）在情緒智商理論中指出，自我覺察是培養積極心理習慣的基礎。每天花一點時間問自己：「我今天用什麼樣的角度看待事情？當困難出現時，我的第一個念頭是什麼？」這種簡單的自我對話，能幫助我們看見負向思維的自動化模式，並有意識地調整它。

　　第二步，是練習「轉念」的技巧。心理學家卡蘿・杜維克（Carol Dweck）提出，成長型心態是樂觀思維的土壤。當我們遇到挑戰時，與其告訴自己「我做不到」，不如說「我還在學習」。這種轉念，將失敗視為暫時現象，而非自我價值的否定，讓樂觀思維更有心理的根基。

第八章　樂觀心態的培養

　　第三，透過正向語言的使用，強化內在的樂觀信念。心理學家唐納德・梅金鮑姆（Donald Meichenbaum）指出，語言是信念的外化。每天用「我值得擁有美好的結果」、「我有能力找到解決方法」等語言，與自己對話，能在潛意識中鞏固樂觀的基礎。這些簡單的語言練習，能在面對不確定與壓力時，讓人有更多心理的支撐。

　　第四，從小行動開始，累積「行動－信念－成果」的正向循環。心理學家亞伯特・班度拉（Albert Bandura）強調，行動中的小小成功，能累積成自我效能感。每天設定一個小而明確的正向目標，像是「今天要感謝一個幫助過我的人」、「今天要學習一項新知識」，這些小小的行動，會在生活中一點一滴堆疊，轉化為「我能做到」的心理信念。

　　第五，樂觀思維的養成，需要一個正向且支持性的社會環境。心理學家布芮妮・布朗（Brené Brown）發現，與態度正向的人為伍，能讓人在挫折中更快恢復信心，並產生「我不是孤單的」心理安全感。當我們主動與這些態度正向的人互動，互相分享挑戰與學習，樂觀思維就會在群體中被不斷強化。

　　第六，將核心價值觀與目標結合，讓樂觀思維有更深的意義支撐。心理學家愛德華・德西（Edward Deci）與理察・瑞恩（Richard Ryan）提出，內在動機與目標一致時，能激發更深的正向動力。當我們清楚自己做每件事的背後意義與價

第二節　樂觀思維的養成

值，即使遇到挫折，也能在價值感的支持下，重新點燃樂觀的態度。

舉例而言，運動員在賽場上，遇到成績低潮時，若能用「我在為夢想奮鬥，而非只是為了贏得比賽」來看待，會更有能力面對失敗並重新出發。創業家在市場變動時，若能從「我在實現改變世界的願景」的角度看待挑戰，也會比單純追求利益時，更能在失敗後保持積極行動的動力。

總結而言，樂觀思維的養成是日積月累、內外兼修的過程。拿破崙・希爾提醒我們：「真正的樂觀不是無視困難，而是選擇在困難中依然行動與相信。」當我們每天多用一點正向語言、多練習一次轉念、多向態度正向的人學習，樂觀思維就會在日常中一點一滴深耕，最終成為生命中最強大的心理後盾。

第八章　樂觀心態的培養

第三節　樂觀與壓力的對抗

樂觀思維與壓力之間的對抗，是現代心理學與日常生活中非常重要的課題。心理學家馬汀・塞利格曼（Martin Seligman）認為，樂觀不是單純的正面幻想，而是一種面對現實挑戰時，依然選擇積極詮釋並持續行動的態度。拿破崙・希爾更提醒我們：「在壓力之下，樂觀是堅持夢想的最大助力。」

壓力，無論來自生活、工作還是內心的不安全感，往往會讓人陷入焦慮、失落，甚至無力感。心理學家丹尼爾・高曼（Daniel Goleman）在情緒智商理論中指出，壓力是一種情緒能量的失衡，若無法妥善管理，將耗盡心理資源。然而，樂觀思維可以成為重建心理平衡的重要工具。

樂觀在面對壓力時，首先表現在解讀方式的改變。心理學家亞伯・艾里斯（Albert Ellis）在理性情緒療法中提出，並非事件本身決定情緒，而是我們對事件的解讀方式。當一個人面對挑戰時，若能用「這是一個成長的機會，而非威脅」來看待，壓力就會被重新框架，並轉化為正向的心理能量。

第二，樂觀思維能減少壓力帶來的生理負擔。心理學家亞伯特・班度拉（Albert Bandura）指出，當人感到有能力因應挑戰時，壓力荷爾蒙如皮質醇的分泌會下降，身體也會更

第三節　樂觀與壓力的對抗

快恢復平衡。樂觀思維讓人在面對壓力時，不再只專注於失敗與危險，而是積極尋找「我可以做什麼」的行動方案，從而降低生理與心理的負擔。

　　第三，樂觀思維幫助人在壓力中維持行動力與學習的彈性。心理學家卡蘿・杜維克（Carol Dweck）在成長型心態理論中指出，當人們將壓力視為挑戰而非威脅，會更願意嘗試與學習。即使壓力持續存在，樂觀者依然會用「我還有很多可能」的思維，讓自己在困境中保持行動的能量。

　　舉例而言，運動員在比賽失利時，若能將壓力視為檢驗與提升的機會，就能快速調整心態，避免陷入沮喪。企業家在市場波動時，若能從「我正在學習應對不確定性」的角度看待挑戰，就不會被短期壓力摧毀信念，反而能從經驗中累積更多韌性。

　　總結而言，樂觀與壓力的對抗不是簡單的情緒選擇，而是一種深層的思維訓練。拿破崙・希爾提醒我們：「樂觀並非對困難視而不見，而是即使在壓力中，也能找到行動的理由與希望的光芒。」當我們學會在壓力中練習樂觀，生活的挑戰不再是恐懼的來源，而是成長與改變的契機。

第八章　樂觀心態的培養

第四節　樂觀的行為表現

樂觀不只是內在的心態，它更會直接反映在行為上。心理學家馬汀・塞利格曼（Martin Seligman）在其樂觀心理學中強調：「樂觀不只是一種想法，而是具體的行動方式。」拿破崙・希爾同樣提醒我們：「真正的樂觀，是把希望轉化為日常的選擇與行動。」本節將從心理學與行為層面，探討樂觀心態如何在生活中具體呈現。

樂觀的行為表現，首先展現在面對困難時的應對方式。心理學家亞伯特・班度拉（Albert Bandura）認為，樂觀者面對挑戰時，更傾向於主動尋找解決方法，而非逃避或否認問題。這種「面對問題而不迴避」的行為模式，是樂觀最具體的行動展現。

其次，樂觀會展現在對機會的積極把握上。心理學家卡蘿・杜維克（Carol Dweck）在成長型心態理論中指出，樂觀者相信自己總有學習與成長的空間，因此在面對新挑戰時，會更願意嘗試與冒險。這種行為習慣，讓他們在人生機遇中更容易抓住轉折點，創造出新的可能。

第三，樂觀會在日常互動中，展現出正向的語言與肢體語言。心理學家丹尼爾・高曼（Daniel Goleman）認為，正向的情緒會自然而然透過表情、語氣與肢體動作傳遞給他人。

第四節　樂觀的行為表現

樂觀者在與人交談時，常帶著真誠的微笑、堅定的語氣與開放的肢體姿態，讓人際互動更有溫度，也更能激勵他人。

舉例而言，一位樂觀的領導者，在面對團隊挑戰時，會用「這是我們一起成長的機會」的語言，取代「這很危險」的負面暗示。這樣的態度不僅激勵自己，也能帶動周遭人的正向能量，讓整個團隊在壓力下仍保持凝聚與信心。

第四，樂觀還展現在學習與調整的行為中。心理學家布芮妮・布朗（Brené Brown）指出，樂觀者更能從錯誤中看到學習的機會，而不是陷入自我懷疑。當面臨挑戰時，樂觀者會主動尋求回饋、修正策略，而不是讓挫折變成放棄的藉口。

總結而言，樂觀的行為表現，是心理狀態與外在行動的融合。拿破崙・希爾提醒我們，真正的樂觀者，不是口頭說說的樂觀，而是用每一個小行動，把「我相信」轉化為「我實踐」。當我們在生活中，願意用更正向的語言、更主動的態度與更持續的努力，樂觀就會成為最強大的行動力，讓人生每個轉折都充滿希望與可能。

第八章　樂觀心態的培養

第五節　樂觀心態的自我訓練

　　樂觀心態並非與生俱來，而是可以透過持續的練習與自我訓練，一點一滴在生活中養成。心理學家馬汀·塞利格曼（Martin Seligman）強調，真正的樂觀是有意識的選擇與自我培養，而非盲目的幻想。拿破崙·希爾也提醒我們：「要想在人生的挑戰中維持樂觀，必須把它當作日常的功課來鍛鍊。」

　　樂觀心態的自我訓練，第一步是練習「覺察並轉換負面思維」。心理學家丹尼爾·高曼（Daniel Goleman）指出，負面思維往往自動化地出現，只有當我們有意識地覺察它們，才能將其轉化為更正向的視角。每天花幾分鐘，檢視自己面對挑戰時的語言與想法，問自己：「我還有其他可能的角度嗎？」這種練習，能逐步減弱負面思維的主導地位。

　　第二，將「正向語言」融入日常生活。心理學家唐納德·梅金鮑姆（Donald Meichenbaum）認為，語言是信念的外化，透過正向的自我對話，能讓大腦習慣樂觀的思考模式。像是每天給自己一些正向的暗示：「我有能力面對這一切」、「今天我願意給自己更多機會嘗試」。這種語言練習，會在潛意識中種下堅強的種子，讓人更有勇氣面對未知。

　　第三，設定可行的積極行動目標。心理學家亞伯特·班

第五節　樂觀心態的自我訓練

度拉（Albert Bandura）強調，具體的行動能增強自我效能感，進而強化樂觀心態。每天訂下小小的積極任務，例如「今天與人分享一個好消息」、「主動學習一項新知識」，並在完成後給自己一個小小的肯定。這些小任務，會在行動中逐步累積起正向思考的習慣。

第四，學會面對挑戰中的不完美。心理學家卡蘿·杜維克（Carol Dweck）提醒我們，成長型心態是樂觀心態的重要基礎。當我們接受「我可以從錯誤中學習，而非一開始就必須完美」，就能在面對挫折時保持學習的心態，而非被負面情緒吞噬。每天提醒自己：「我不需要完美，但我願意不斷調整與成長。」

第五，將感恩練習納入日常。心理學家布芮妮·布朗（Brené Brown）發現，感恩的態度能顯著減輕焦慮，並培養持久的樂觀心態。每天記錄三件值得感恩的小事，無論多麼微不足道，這種習慣能讓我們在日常中發現更多的正面能量，也更能在面對挑戰時保持希望。

舉例而言，許多運動員與創業家，正是透過這些小小的日常訓練，讓樂觀不只是口頭上的信念，而是行動中的習慣。他們每天提醒自己，「比昨天更進步一點點」；他們懂得在挫敗後，從中找出下一次的嘗試機會；他們知道，真正的樂觀不是永遠一帆風順，而是即使面對未知，也願意再多試一次。

第八章　樂觀心態的培養

　　總結而言，樂觀心態的自我訓練是一條從覺察到行動、從語言到態度的綜合之路。拿破崙・希爾提醒我們：「真正的樂觀，是每天選擇相信自己、相信世界的善意。」當我們學會在生活中，用更多正向的視角解讀世界、用更多的行動證明自己，樂觀就會在日常裡深深扎根，成為面對挑戰時最可靠的力量。

第六節　樂觀與現實的平衡

　　樂觀心態雖然帶來無比的動力，但若缺乏對現實的尊重，則可能淪為盲目的幻想。心理學家馬汀‧塞利格曼（Martin Seligman）提醒我們：「真正的樂觀不是自我欺騙，而是以現實為基礎的正向信念。」拿破崙‧希爾也曾說過：「理智的樂觀，能在風險與機會間找到最明智的選擇。」本節將探討如何在正向思維與務實行動間取得平衡，讓樂觀既能成為行動力，也能避免陷入不切實際的期待。

　　樂觀與現實平衡的第一步，是認識樂觀的本質：它不是盲目否認問題，而是選擇以希望與行動的心態面對問題。心理學家丹尼爾‧高曼（Daniel Goleman）在情緒智商理論中指出，能看清問題並同時保持樂觀，才是成熟的心理力量。真正的樂觀者，並不逃避現實，而是在現實中看見機會。

　　第二，學會運用「積極的懷疑」來平衡樂觀與現實。心理學家唐納德‧梅金鮑姆（Donald Meichenbaum）提出，積極懷疑不是消極的質疑，而是一種在行動前，對風險與可能性進行謹慎評估的態度。當我們能在樂觀中，仍保有對細節的警覺，就能避免因盲目樂觀而忽視潛在的問題。

　　第三，設定明確且可行的目標。心理學家亞伯特‧班度拉（Albert Bandura）強調，自我效能感來自於行動的成果。

第八章　樂觀心態的培養

樂觀者若能將目標拆解為可實現的小步驟，並在每個小步驟中取得實際的進展，就能同時享受樂觀的心理動力與現實的可行性。這種「目標－行動－回饋」的過程，會讓樂觀心態不流於空談，而是在行動中被不斷驗證。

第四，透過持續的反思與調整，讓樂觀不偏離現實的軌道。心理學家卡蘿‧杜維克（Carol Dweck）在成長型心態理論中指出，願意從錯誤中學習，是防止樂觀變成幻想的重要途徑。每當行動與結果出現落差，學會問自己：「哪裡需要修正？我可以怎麼調整？」這種自我檢視的習慣，能讓樂觀更具彈性與務實性。

舉例而言，企業家在面對市場不確定性時，會用樂觀看待機會，但同時也會在行動前進行市場研究與風險評估。運動員在面對重大比賽時，雖然抱持著積極的期待，但也會透過科學化的訓練與策略調整，確保表現貼近現實需求。這些例子說明，真正的樂觀，必須與現實不斷對話，而非與現實脫節。

總結而言，樂觀與現實的平衡，是理智與熱情的結合。拿破崙‧希爾提醒我們：「樂觀是心中的信念，現實是行動的基礎。」當我們學會用積極的心態擁抱每個挑戰，又不忘以謙遜的態度檢視每個細節，樂觀就會從一種態度，成為面對世界最強大的行動力。

第七節　樂觀心態的持久維護

　　樂觀心態，若沒有持續的維護與練習，很容易在生活的壓力與挑戰中被削弱。心理學家馬汀・塞利格曼（Martin Seligman）在其研究中發現，樂觀並非一次性建立的態度，而是需要日復一日的練習與自我提醒。拿破崙・希爾也提醒我們：「唯有持久的正向思維，才能在人生的風浪中始終保持穩健與前進。」

　　樂觀心態的持久維護，第一步是培養持續的自我覺察力。心理學家丹尼爾・高曼（Daniel Goleman）指出，自我覺察能讓人及時發現負面思維的入侵，並在第一時間調整思考模式。每天花幾分鐘檢視自己的想法與情緒，像是簡單的日誌或靜心練習，都能提醒自己保持正向的內在對話。

　　第二，持續練習正向的自我對話。心理學家唐納德・梅金鮑姆（Donald Meichenbaum）強調，語言是內在信念的外化。透過每天主動使用支持性語言，如「我有能力面對今天的挑戰」、「我願意在未知中學習」，能在潛意識中累積樂觀的基礎，並在壓力時提供心理的保護層。

　　第三，將行動與目標結合，避免樂觀變成空想。心理學家亞伯特・班度拉（Albert Bandura）認為，行動是驗證樂觀

第八章 樂觀心態的培養

的唯一方式。每天設定一個積極的目標,並在完成後給自己肯定,能在行動與結果中,形成「我能做到」的信念,讓樂觀不僅存在於口號中,而是在日常中被不斷強化。

第四,與態度正向的人建立支持性的人際網絡。心理學家布芮妮・布朗(Brené Brown)發現,支持性的互動能在逆境中提供心理上的支持,讓樂觀不孤立於個人,而是在互動中被放大與分享。與態度正向的朋友共處,或參加學習社群,都是讓樂觀心態不斷被激發的生活方式。

第五,定期反思與調整,讓樂觀更貼近現實。心理學家卡蘿・杜維克(Carol Dweck)提醒我們,真正的樂觀並非對困難視而不見,而是懂得從挑戰中學習與成長。每當面對不如預期的結果,問自己:「我學到了什麼?我可以怎麼調整?」這種持續的調整,讓樂觀與現實保持連結,並隨著經驗不斷升級。

舉例而言,運動員在備賽過程中,透過每日的訓練與記錄,不僅保持體能,也在心理上不斷提醒自己:「我正在一步步接近目標」。創業者在市場的波動中,也會透過定期的策略回顧,讓自己的信念與行動保持一致。這些都是樂觀心態持久維護的最佳實踐。

第七節　樂觀心態的持久維護

　　總結而言，樂觀心態的持久維護，是一種不斷對話、行動與學習的旅程。拿破崙·希爾提醒我們：「樂觀是生活的力量源泉，它需要被滋養、被反思、被實踐。」當我們願意在日常中，不斷檢視內心的語言、行動與人際互動，樂觀就會在每一次的練習與調整中，成為面對未知最穩定的力量。

第八章　樂觀心態的培養

第八節　樂觀與人際互動的影響

　　樂觀心態，不僅是個人面對挑戰的心理支柱，也是人際互動中的潤滑劑。心理學家馬汀・塞利格曼（Martin Seligman）在其研究中發現，樂觀的人更容易在社交場合中展現出正向的態度與開放的心態，進而建立更緊密的人際連結。拿破崙・希爾更提醒我們：「樂觀是吸引力，能讓人際關係更順暢、更有溫度。」

　　樂觀在日常互動中，首先表現在正向的語言與非語言訊號上。心理學家丹尼爾・高曼（Daniel Goleman）指出，正向的情緒會透過微笑、肢體語言與語氣，自然影響到周遭的人。當一個人在對話中，展現出耐心的傾聽、真誠的回應與自信的眼神，這些看似微小的行為，都在向他人傳遞「我相信，也相信你」的正向訊息。

　　第二，樂觀心態能促進人際間的信任感。心理學家布芮妮・布朗（Brené Brown）發現，信任是人際關係的基石，而樂觀的態度，能讓人感受到更多的安全感與溫暖。當一個人用正向的語言鼓勵他人，或在團隊中傳遞「我們可以做到」的信念時，往往會引發更深的人際連結與團隊的凝聚力。

　　第三，樂觀還能在衝突中成為調節者。心理學家唐納德・梅金鮑姆（Donald Meichenbaum）提醒我們，衝突本質上

第八節　樂觀與人際互動的影響

不可避免,但樂觀者能更快從情緒反應中抽離,專注於找到雙贏的解決方案。這種「問題導向而非指責導向」的互動風格,讓人際關係更有彈性與韌性。

舉例而言,在工作場合,樂觀的同事常能在壓力時刻,提出激勵性的話語,像是「我們還有很多可能性」或「從這裡學到什麼很重要」。在家庭中,樂觀的態度能在爭執後,讓成員更快從負面情緒中走出來,重建信任與合作。這些例子都說明,樂觀不只是個人的心理狀態,更是互動中不可或缺的正向力量。

從更宏觀的角度來看,樂觀態度也能在社會與群體層面,帶來正向的影響。心理學家卡蘿・杜維克(Carol Dweck)認為,當一個群體中存在更多的樂觀者,整個群體的氛圍會更具支持性與創造力。因為樂觀者不只是在互動中帶來輕鬆的氛圍,更會在面對群體目標時,激發出更多的協作與創新行動。

總結而言,樂觀與人際互動之間,形成一種正向循環:樂觀讓互動更溫暖,良好的互動又進一步強化樂觀。拿破崙・希爾提醒我們:「樂觀不只是面對自己的人生挑戰,更是對待每個人的態度。」當我們願意在與他人的互動中,展現積極與支持,樂觀便不僅僅是個人的心理素養,而是能讓每段關係都更深刻、更有力量的生活態度。

第八章 樂觀心態的培養

第九章
情緒與態度管理

第九章　情緒與態度管理

第一節　情緒管理的必要性

　　情緒管理，無論在個人心理健康還是職場與人際互動中，都是現代生活不可或缺的核心能力。心理學家丹尼爾・高曼（Daniel Goleman）在其情緒智商理論中指出：「情緒管理的能力，決定了一個人如何面對壓力、如何應對挑戰，乃至於如何經營自己的人生。」拿破崙・希爾也提醒我們：「學會管理自己的情緒，才能成為自己命運的主人。」

　　情緒管理的必要性，首先在於它對心理健康的直接影響。心理學家馬汀・塞利格曼（Martin Seligman）指出，情緒是心理能量的核心來源，若無法妥善管理，會在生活壓力中迅速耗損，進而引發焦慮、憂鬱與失落。透過情緒管理，我們學會不被情緒淹沒，而是能夠看見情緒背後的訊息，轉化它成為行動的動力。

　　第二，情緒管理是面對挑戰時保持行動力的關鍵。心理學家亞伯特・班度拉（Albert Bandura）提出，自我效能感需要在穩定的情緒基礎上才能持續發揮。當情緒過於波動時，會讓人失去專注力，影響決策與執行。情緒管理讓人更能在困境中保持清晰，將壓力轉化為前進的燃料。

　　第三，情緒管理在溝通與人際互動中扮演不可或缺的角色。心理學家布芮妮・布朗（Brené Brown）發現，缺乏情

第一節　情緒管理的必要性

緒管理的人，容易在衝突中被情緒帶著走，失去理性與同理心。相反地，懂得情緒管理的人，能在對話中保持平衡，願意傾聽並理解對方的立場，建立更深的信任與連結。

　　舉例而言，企業領導者在面對挑戰時，若能穩定情緒，就能更冷靜地應對危機，也能以更正向的態度帶動團隊。運動員在比賽中，若能及時管理比賽焦慮，就能更專注地發揮技術與戰術。這些例子都顯示，情緒管理不只是心理層面的修練，更是行動與表現的基礎。

　　總結而言，情緒管理的必要性展現在三個層面：心理健康、行動力與人際連結。拿破崙・希爾提醒我們：「管理好情緒，才能真正管理好人生。」當我們學會覺察、接納並轉化情緒，人生的每一個挑戰都將不再是障礙，而是前進的力量。

第九章　情緒與態度管理

第二節　態度的心理影響

　　態度,是我們看待世界、解讀經驗與行動的心理鏡片。心理學家丹尼爾·高曼(Daniel Goleman)指出,態度不僅影響個人的情緒狀態,也決定了行動的方向與持久力。拿破崙·希爾提醒我們:「態度,是決定人生高度與深度的關鍵變數。」

　　態度的心理影響,首先表現在情緒層面。心理學家馬汀·塞利格曼(Martin Seligman)發現,正向的態度能在面對壓力時,讓人保持更高的心理彈性與恢復力。當我們用「我可以從中學習」而非「這是我的失敗」來看待挑戰,情緒會更快從低潮中恢復,並更願意嘗試新的解決方法。

　　第二,態度塑造了行動的方式與成果。心理學家亞伯特·班度拉(Albert Bandura)強調,正向態度與高自我效能感密不可分。當人們相信自己有能力應對挑戰,就更願意主動行動,並在行動中不斷修正與學習。相反地,若態度偏向悲觀與懷疑,就會讓人陷入拖延與自我懷疑的惡性循環。

　　第三,態度深深影響人際關係。心理學家布芮妮·布朗(Brené Brown)指出,態度是溝通中無形的語言。正向的態度,讓人更願意傾聽與同理,創造出溫暖與信任的氛圍。負面的態度,則容易讓人陷入防衛與衝突,阻礙連結的建立與維護。

第二節　態度的心理影響

　　態度也影響個人的學習與成長。心理學家卡蘿・杜維克（Carol Dweck）在成長型心態理論中發現，成長型態度讓人把挑戰視為學習的機會，而不是失敗的證明。這種態度不僅在心理上提供更多彈性，也在行動層面上帶來更多嘗試與創新的可能。

　　舉例而言，當面對一項新工作任務時，持有「這是挑戰也是機會」的態度，會讓人更積極規劃行動，並在過程中持續學習。相反地，若態度是「我做不到」、「這超出我的能力」，即使具備足夠的能力，也難以真正發揮。

　　總結而言，態度的心理影響無所不在，涵蓋了情緒、行動與人際三個層面。拿破崙・希爾提醒我們：「改變態度，等於改變未來的可能性。」當我們學會以正向而彈性的態度看待每個挑戰，人生的每一步都會更有力量與希望。

第九章　情緒與態度管理

第三節　情緒覺察與反思

　　情緒覺察與反思，是情緒管理的第一步，也是自我成長的重要途徑。心理學家丹尼爾・高曼（Daniel Goleman）指出，情緒覺察是情緒智商的基礎，它讓人能在情緒波動中保持理智，並在面對壓力時做出更適合自己的選擇。拿破崙・希爾更提醒我們：「不懂得面對自己的情緒，就永遠無法駕馭自己的命運。」

　　情緒覺察，首先是學會「停下來感受」。心理學家馬汀・塞利格曼（Martin Seligman）發現，現代生活的快速節奏，讓人常常忽略自己的真實感受。當我們習慣性地忽略憂慮、焦慮或失落，這些情緒會在潛意識中累積，最終成為壓力的火山。透過每天的靜心練習、日誌書寫或簡單的深呼吸，我們能在生活的縫隙裡，給自己一個誠實面對情緒的空間。

　　第二，情緒覺察需要將感受轉化為語言。心理學家唐納德・梅金鮑姆（Donald Meichenbaum）指出，將情緒具體化能讓人更客觀地面對內心狀態。與其說「我覺得糟透了」，不如嘗試描述：「我感到焦慮，因為我害怕做不好這件事。」這種具體化，能讓人更清楚情緒的來源與影響，為接下來的調整提供切入點。

第三節　情緒覺察與反思

　　第三，反思是將情緒化為行動智慧的橋梁。心理學家卡蘿・杜維克（Carol Dweck）在成長型心態理論中提到，學會從情緒中提煉學習，能讓每一次的情緒波動都成為成長的契機。當我們在反思中問自己：「我可以從這次的情緒體驗中學到什麼？」、「下次我想用什麼方式面對同樣的情況？」這樣的思考，讓情緒不再只是過眼雲煙，而是推動行動的深層動力。

　　舉例而言，運動員在面對比賽失利時，若只是被情緒淹沒，容易陷入自我懷疑。若能在失落中，先覺察自己的失望，再反思比賽中的細節與調整空間，就能在下一場比賽中更有信心與策略。企業家在面對挑戰時，若能在焦慮中先停下腳步，認清情緒來源，並從中找出新的策略方向，就能把情緒化危機轉化為轉機。

　　總結而言，情緒覺察與反思是一場內在的對話，也是一種將情緒轉化為成長力量的練習。拿破崙・希爾提醒我們：「情緒不是敵人，而是最真實的嚮導。」當我們學會不逃避、不壓抑，而是勇敢看見並學習，情緒將不再是壓力的根源，而是讓人生更完整、更有力量的泉源。

第九章　情緒與態度管理

第四節　態度與表達的調整

　　態度與表達，是人際互動中最關鍵的兩項心理面向。心理學家丹尼爾‧高曼（Daniel Goleman）提醒我們，態度決定了人與人之間的距離，而表達方式，則決定了這段距離是否能夠被拉近。拿破崙‧希爾也曾說過：「語言與態度，能讓人走得更遠，也能讓人停滯不前。」

　　態度與表達的調整，首先從內心的態度開始。心理學家卡蘿‧杜維克（Carol Dweck）在成長型心態理論中指出，當一個人願意以開放與學習的心態面對他人，就會在互動中散發出自然的信任感。相反地，若心態封閉、總想證明自己正確，就會讓人際溝通充滿防禦與隔閡。

　　第二，語言是態度的外化。心理學家唐納德‧梅金鮑姆（Donald Meichenbaum）強調，語言不只是傳遞資訊，更是傳遞價值觀與情感的橋梁。學會用尊重與支持的語言與他人對話，像是「我很願意聽你的想法」、「這是個很有意思的觀點」，能讓對方在交流中感受到被肯定，也更容易進入正向的互動狀態。

　　第三，非語言表達同樣重要。心理學家布芮妮‧布朗（Brené Brown）發現，肢體語言與眼神交流，往往比語言更真實、更有力。開放的手勢、溫和的語氣與專注的目光，這

第四節　態度與表達的調整

些都能讓對方感受到安全與尊重。當我們在互動中有意識地調整這些細節,整個溝通的氛圍都會變得更正向。

舉例而言,領導者在面對團隊時,若能以「我們一起面對挑戰」的態度,而非「我要求你們做到」的語言,就能讓團隊更有凝聚力。朋友之間,若能多說一句「謝謝你的幫助」、「有你真好」,這樣的表達也會讓關係更有溫度。

總結而言,態度與表達的調整,是一場從內在到外在的練習。拿破崙‧希爾提醒我們:「一個人的影響力,從態度開始,從語言與行動中被放大。」當我們願意在日常中,不只關注自己的想法,更在意自己給予的語氣、眼神與肢體語言,互動的每一刻都能成為溫暖與支持的力量。

第九章　情緒與態度管理

第五節　積極情緒的培育

積極情緒的培育，是心理健康與行動力的核心基礎。心理學家馬汀·塞利格曼（Martin Seligman）認為，積極情緒不僅能提升心理韌性，也能增強自我效能與幸福感。拿破崙·希爾更提醒我們：「積極的心態，是成功與成長的土壤，它能讓人即使面對困難，也能找到希望與動力。」

積極情緒的培育，首先需要從自我覺察開始。心理學家丹尼爾·高曼（Daniel Goleman）指出，積極情緒的基礎，是對情緒的敏感度與覺察力。每天花一點時間問自己：「今天我有沒有感受到喜悅、感恩或平靜？」這種練習，能幫助我們在忙碌與壓力中，重新看見生活中那些微小而真實的快樂。

第二，培養積極情緒，需要正向的語言與自我對話。心理學家唐納德·梅金鮑姆（Donald Meichenbaum）認為，語言能在潛意識中塑造信念。每天用「我值得幸福」、「我有能力帶來改變」等語言提醒自己，能在不知不覺中，轉化成行動力與心理的安全感。

第三，將行動與積極情緒連結起來。心理學家亞伯特·班度拉（Albert Bandura）指出，當我們透過小小的行動獲得成就感，積極情緒會隨之而來。像是每天散步30分鐘、完

第五節　積極情緒的培育

成一個小任務、幫助他人,這些行動都能累積成「我做得到」的信念,進一步強化正向的心理狀態。

第四,建立感恩與分享的習慣。心理學家布芮妮・布朗(Brené Brown)發現,感恩能顯著降低焦慮與沮喪。每天花一分鐘,記錄三件值得感恩的小事,無論是陽光、家人的一句問候,或是自己的小小進步,都能在潛移默化中累積成正向的心理資產。

舉例而言,運動員在日常訓練中,若能用「今天比昨天更有活力」的語言提醒自己,就能在長期的努力中保持動力。創業家在面對壓力時,若能在每天結束前,寫下三件值得慶祝的事,哪怕只是小小的進展,也能在艱難中保持希望。

總結而言,積極情緒的培育是一場日常的心理練習。拿破崙・希爾提醒我們:「正向思維,來自於正向的每一天。」當我們願意每天多花一點時間練習感恩、多說一句鼓勵自己的話、多做一個支持他人的行動,積極情緒就會在生活中生根發芽,成為面對未知與挑戰時,最可靠的心靈後盾。

第九章　情緒與態度管理

第六節　消極情緒的調節

　　消極情緒的調節，是情緒管理中不可或缺的一環。心理學家馬汀‧塞利格曼（Martin Seligman）提醒我們，人生充滿挑戰與壓力，無論多麼態度正向的人，也無法完全避免消極情緒的出現。拿破崙‧希爾更指出：「真正的成長，不是完全消除負面情緒，而是學會與它共處、管理它，並從中找到新的可能性。」

　　消極情緒的調節，第一步是學會承認與接納情緒的存在。心理學家丹尼爾‧高曼（Daniel Goleman）在情緒智商理論中指出，否認與壓抑負面情緒，往往會讓它們在潛意識中累積，最終變得更強大。真正有效的管理，是能勇敢地說：「我感到焦慮」、「我覺得失落」──這樣的承認，是情緒調節的起點。

　　第二，轉化語言與思考框架，是調節消極情緒的重要技巧。心理學家唐納德‧梅金鮑姆（Donald Meichenbaum）發現，語言能在潛意識中放大或弱化情緒的力量。當面對困難時，試著用「我正在學習如何應對」取代「我辦不到」，用「我正在面對挑戰」取代「我陷入困境」。這些小小的轉換，能在無形中減輕壓力與焦慮。

第六節　消極情緒的調節

　　第三，將行動融入情緒調節的過程。心理學家亞伯特・班度拉（Albert Bandura）指出，行動能創造小小的勝利感，進而驅散消極情緒的陰霾。當感到低落時，試著做一件小事：整理房間、做深呼吸、與朋友聊聊天。這些小小的行動，會在心理層面提供支持，提醒我們：「我依然有能力改變一些事情。」

　　第四，學習情緒的「身體釋放」技巧。心理學家布芮妮・布朗（Brené Brown）發現，身體的活動與情緒的釋放密不可分。當我們透過運動、伸展或冥想，讓身體動起來，情緒也會在身體的流動中找到出口。像是每天花十分鐘散步，或是練習正念冥想，都能在無形中帶來釋放的效果。

　　舉例而言，學生在考試壓力中，若能每天花幾分鐘做深呼吸或運動，就不容易陷入焦慮的漩渦。職場人士在面對壓力時，若能定期與支持性朋友聊聊，也會讓壓力得到適度的抒發。這些例子說明，調節消極情緒，並非要「馬上開心」，而是要「慢慢釋放，重新出發」。

　　總結而言，消極情緒的調節是一種溫柔且有力的自我對話。拿破崙・希爾提醒我們：「情緒的影響無可避免，但選擇如何面對，決定了我們的未來。」當我們學會接受情緒、調整語言、付諸行動，並用身體的釋放來協助心理轉化，消極情緒就會不再是絆腳石，而是成長與學習的另一種開始。

第九章　情緒與態度管理

第七節　態度管理的技巧

　　態度是行為的出發點，也是心理的方向盤。心理學家馬汀‧塞利格曼（Martin Seligman）認為，正向的態度不僅能驅動行動，還能在面對挑戰時提供更多彈性與可能。拿破崙‧希爾更提醒我們：「態度決定高度，技巧決定態度是否能持續。」因此，學會具體的態度管理技巧，是讓積極的心態成為生活日常的關鍵。

　　態度管理的第一個技巧，是自我覺察與日常的檢視。心理學家丹尼爾‧高曼（Daniel Goleman）指出，自我覺察是情緒智商的核心，也是一切態度管理的起點。每天花幾分鐘問自己：「今天我用什麼態度面對困難？我是否讓負面想法主導了我的決策？」這種簡單的自我檢視，能讓人及時發現偏差，重新回到正向的思考模式。

　　第二個技巧，是使用正向語言與自我對話。心理學家唐納德‧梅金鮑姆（Donald Meichenbaum）發現，語言會影響內在信念。當你習慣在內心告訴自己：「我值得擁有好的結果」、「我有能力面對挑戰」，這些語言會在潛意識中生根，讓態度更穩定、更具支持力。

　　第三個技巧，是把態度與具體行動結合。心理學家亞伯特‧班度拉（Albert Bandura）指出，行動是態度的外在表現，

第七節　態度管理的技巧

透過行動，態度才不會停留在空想。每天設定一個與態度相關的行動目標，例如「今天我要用積極的語氣回應挑戰」、「今天我要主動提出一個解決方案」。這些行動能在實踐中強化正向態度的穩定性。

第四個技巧，是在壓力與不確定中保持彈性。心理學家卡蘿・杜維克（Carol Dweck）提醒我們，彈性的心態能讓態度不僵化，而是在需要時適度調整。當事情不如預期時，問自己：「還有沒有其他看待問題的方式？還有沒有新的解決方案？」這種開放的提問，能讓態度從死板變成有彈性的調整力。

第五個技巧，是積極尋找支持性的社群與榜樣。心理學家布芮妮・布朗（Brené Brown）發現，人在積極氛圍中的行為與態度更容易被強化。當我們與積極、樂觀的人互動，會在無形中模仿與吸收對方的態度能量。無論是與朋友分享學習，還是參與職場社群，這些外部支持都是態度管理的重要助力。

舉例而言，運動員在比賽中，常透過與教練和隊友的討論，讓態度保持積極與專注。企業家在市場起伏中，會在定期的策略會議中反思並調整自己的態度，避免因短期挫折失去信心。這些例子都顯示，態度管理的技巧，既有內在的練習，也需要外部的資源與支持。

第九章　情緒與態度管理

　　總結而言，態度管理不是一蹴可及的結果，而是日常中無數小小選擇的累積。拿破崙‧希爾提醒我們：「態度是行動的前提，態度的管理，決定了未來的可能性。」當我們願意用更多的自我覺察、正向語言、具體行動、彈性思考與社群支持，態度就不再是被動的反應，而是能主動形塑未來的力量。

第八節　情緒與態度的互動

　　情緒與態度之間存在著密不可分的互動關係。心理學家丹尼爾・高曼（Daniel Goleman）指出，情緒決定了態度的深度與廣度，而態度則決定了情緒是否能在面對挑戰時被轉化為行動的動力。拿破崙・希爾提醒我們：「情緒是態度的引擎，態度是情緒的方向盤。兩者交織，決定了人生的方向與高度。」

　　情緒影響態度的第一個層面，是它能改變我們對世界的解讀方式。心理學家馬汀・塞利格曼（Martin Seligman）發現，正向的情緒能讓人用開放與彈性的態度看待問題，並更願意在困難中尋找解決方案。相反地，負面的情緒如焦慮與沮喪，會讓人陷入狹隘的思考模式，傾向把困難誇大，讓態度變得防衛或悲觀。

　　第二，態度反過來也能引導情緒的穩定與轉化。心理學家唐納德・梅金鮑姆（Donald Meichenbaum）指出，當人們有意識地用正向的態度面對壓力，像是告訴自己「我會找到辦法」或「我有能力面對這一切」，這種態度會在情緒層面提供支持，減緩焦慮與不安。換句話說，態度是情緒的防護罩，讓人在面對壓力時有更多心理的韌性。

第九章　情緒與態度管理

　　第三，情緒與態度在行動中會形成一種正向或負向的循環。心理學家亞伯特・班度拉（Albert Bandura）提出，當正向的態度驅動積極的行動，行動中的小成功會反過來強化正向的情緒。這種「情緒－態度－行動」的正向循環，是讓人越挫越勇的重要機制。相反地，若情緒被負面思維主導，態度會變得消極，行動力下降，進而強化焦慮與無力感。

　　舉例而言，運動員在面對比賽時，若用「我享受挑戰」的正向態度面對壓力，心理會更專注，情緒更穩定，表現自然更出色。企業家在市場變動時，若能在困難中保持「這是轉機」的態度，就能減少焦慮，反而在困難中找到創新點。這些例子說明，態度與情緒的互動，能在日常挑戰中成為最強大的心理力量。

　　總結而言，情緒與態度的互動是一種動態的心理舞蹈。拿破崙・希爾提醒我們：「態度塑造情緒，情緒回饋態度。」當我們學會在情緒波動時，用正向的態度穩住內心，並在態度調整後找到新的行動力，人生的每一個挑戰都能成為成長的機會，讓未來有無限可能。

第十章
內在動力的驅策

第十章　內在動力的驅策

第一節　內在動力的來源

　　內在動力，是人面對挑戰與機會時，持續行動的根本驅動。心理學家愛德華・德西（Edward Deci）與理察・瑞恩（Richard Ryan）在自我決定理論中指出，內在動力是源於個體對自身成長、學習與實現的渴望。拿破崙・希爾則提醒我們：「真正的動力，不是外在的壓力，而是來自內心深處的信念與渴望。」

　　內在動力的來源，首先在於目標與意義感。心理學家馬汀・塞利格曼（Martin Seligman）發現，當人們的行動與核心目標一致時，會感受到持久的驅動力。這種目標不一定是外界認可的成就，而是內心認同的價值與意義。當我們清楚「為什麼而做」，內在動力就像心中的火焰，能在疲憊或壓力時持續提供能量。

　　第二，內在動力來自個人的價值觀與信念。心理學家卡蘿・杜維克（Carol Dweck）在成長型心態理論中指出，當一個人相信自己可以學習與成長，會更願意投入挑戰，因為每一次嘗試都是實現自我價值的機會。相反地，若缺乏成長信念，行動往往淪為被動的應付，內在動力也難以持續。

　　第三，內在動力也與自我效能感密切相關。心理學家亞伯特・班度拉（Albert Bandura）指出，當人們相信自己有能

第一節　內在動力的來源

力應對挑戰，會更主動尋找方法、承擔責任。這種自信心與能力感，是內在動力的助燃劑。反之，若缺乏自我效能感，面對挑戰時更容易退縮或放棄。

　　舉例而言，運動員在面對艱苦的訓練時，內在動力來自於「我想成為更好的自己」的渴望。創業者在市場競爭中，內在動力則可能是「我希望用我的創意，解決這個世界的問題」。這些目標與信念，讓他們能在困難時堅持，在平凡中找到非凡的意義。

　　總結而言，內在動力的來源，是由目標感、價值觀、信念與能力感交織而成。拿破崙・希爾提醒我們：「找到內心真正的驅動力，人生的每一步都會更有力量。」當我們學會與自己的渴望對話，並在生活中不斷調整目標與信念，內在動力就會像源源不絕的泉水，讓行動與夢想持續向前。

第十章　內在動力的驅策

第二節　內在動力與目標感

　　內在動力與目標感，是人類行動力的雙核心。心理學家愛德華・德西（Edward Deci）與理察・瑞恩（Richard Ryan）在自我決定理論中指出，內在動力的強度，與目標感的明確度密不可分。拿破崙・希爾也提醒我們：「有明確目標的人，才能從內在找到不屈的力量。」這一節，我們將探討目標感如何與內在動力交織，並在生活中持續激發行動的熱情。

　　目標感是方向與意義的結合。心理學家馬汀・塞利格曼（Martin Seligman）發現，當一個人清楚自己「為什麼而努力」，內在動力就能更穩定、更具持久性。目標不必然是宏大的，它可以是小而具體的日常進步目標，如「今天要比昨天更專注」；也可以是長遠的夢想，如「我要創造對社會有價值的改變」。無論大小，明確的目標都能成為內在動力的指南針。

　　目標感還能在面對挑戰時提供堅持的理由。心理學家亞伯特・班度拉（Albert Bandura）指出，當人們感受到目標的吸引力，會在遇到困難時選擇調整策略，而非輕易放棄。這種「目標的牽引力」與自我效能感結合，讓人在面對外部壓力時，依然能從內心找到行動的動力。

第二節　內在動力與目標感

　　舉例而言，運動員在訓練中，雖然過程充滿艱辛，但「我想挑戰自己的極限」的目標感，讓他們願意在每一次練習中投入更多。創業者面對市場競爭時，「我要把我的創意變成世界的驚喜」的目標感，讓他們在失敗後依然重新站起來。這些例子說明，目標感是內在動力的永續燃料。

　　總結而言，內在動力與目標感相輔相成。拿破崙・希爾提醒我們：「目標是內在動力的方向，內在動力是目標的持久推手。」當我們學會設定清晰而真實的目標，並在生活中與這些目標對話，內在動力就會不斷被點燃，讓人生的每一步都更有意義與熱情。

第十章　內在動力的驅策

第三節　內在動力的喚醒方式

　　內在動力是生命中最寶貴的能量來源，但它並非永遠充沛。心理學家馬汀・塞利格曼（Martin Seligman）指出，內在動力有時會被焦慮、疲憊或外在壓力掩蓋，需要有意識地被喚醒與重新激發。拿破崙・希爾則提醒我們：「每個人內心深處，都藏著無窮的潛能與動力，關鍵在於你是否願意找到它。」

　　內在動力的喚醒，第一步是重新連結目標與價值。心理學家愛德華・德西（Edward Deci）與理察・瑞恩（Richard Ryan）發現，當行動與個人深層價值相符時，內在動力自然會被點燃。舉例而言，當工作被視為「意義與使命」而非單純的責任，工作的挑戰就不再是壓力，而是實現自我價值的舞臺。

　　第二，透過具體的行動來重拾動力。心理學家亞伯特・班度拉（Albert Bandura）認為，內在動力的來源不只是心理層面，還需要在行動中被驗證。每天設定一個小小的挑戰，像是學習一項新知、嘗試一個新方法，這些微小的行動都能在日常中累積成「我做得到」的信心，進而喚醒深層的動力。

　　第三，創造有助於思考與反思的空間。心理學家丹尼爾・高曼（Daniel Goleman）提醒我們，現代生活的忙碌，往往讓人忽略內心真正的渴望。透過靜心、寫作或散步，給自己一些與自己對話的時間，能讓被埋藏的動力重新浮現。這

第三節　內在動力的喚醒方式

種內在對話，往往會在平靜中找到最真實的動力來源。

舉例而言，許多創業家在面對創新挑戰時，會在日常中安排「安靜思考時間」，在沒有干擾的時刻重新連結自己的使命感。運動員則會在休息時，用冥想或深呼吸與自己對話，找回當初熱愛運動的純粹熱情。這些例子說明，內在動力需要在寧靜與覺察中被重新點燃。

總結而言，內在動力的喚醒，結合了價值的連結、行動的實踐與反思的空間。拿破崙・希爾提醒我們：「內在動力是一座心靈的寶庫，只有願意探索的人，才能找到無限的能量。」當我們學會在生活的每個片段中，給自己一點覺察、一點行動與一點空間，內在動力就會像一股涓涓細流，逐漸匯聚成面對世界的無窮力量。

第十章　內在動力的驅策

第四節　動力的持續培養

　　內在動力是推動人生目標實現的核心能量。心理學家馬汀・塞利格曼（Martin Seligman）指出，內在動力並非一時的激情，而是需要持續培養的心理與行動習慣。拿破崙・希爾更提醒我們：「唯有每天灌溉，內在動力才能長成通往成功的堅韌之樹。」

　　動力的持續培養，第一步是每天重新連結目標與意義。心理學家愛德華・德西（Edward Deci）與理察・瑞恩（Richard Ryan）在自我決定理論中發現，當行動與內心深層的價值觀連結，動力會更長久。每天花幾分鐘問自己：「我今天的行動，與我的夢想有多接近？」這種提問，能喚醒內在的渴望，並在日常中持續校準目標。

　　第二，透過小行動維持「我做得到」的信念。心理學家亞伯特・班度拉（Albert Bandura）提出，行動中的小成功，會強化自我效能感，進而讓動力不斷被喚醒。每天給自己一個小小的挑戰，無論是完成一個任務，還是學習一項新技能，這些看似微小的行動，都是培養長期動力的養分。

　　第三，定期反思與調整策略，讓動力在困難中不被消磨。心理學家卡蘿・杜維克（Carol Dweck）提醒我們，面對挑戰時，持續檢視自己的方法與心態，能避免動力因挫折而

第四節　動力的持續培養

衰退。當結果不如預期時，與其陷入自我批判，不如問自己：「還有什麼方式我沒試過？」這種彈性的思考，能讓動力從困境中重新站起來。

第四，透過支持性的環境，補充心理能量。心理學家布芮妮‧布朗（Brené Brown）發現，真誠的人際連結，能在壓力下給予情緒的支撐。無論是朋友、家人，還是專業導師，當我們在互動中得到鼓勵與共鳴，內在動力就會像被點燃的火種，更加持久與明亮。

舉例而言，運動員在備戰比賽時，透過每天的訓練計畫和與教練的互動，讓動力在挑戰中不斷被加強。創業家在面對市場不確定性時，透過團隊會議與創新思考，持續讓動力保持熱度。這些例子說明，動力的持久來源，不只是心理，更是行動與支持的結合。

總結而言，動力的持續培養不是偶然，而是每天的練習與選擇。拿破崙‧希爾提醒我們：「每天讓心中的火種不熄，生命的熱度就會不斷燃燒。」當我們願意在日常中不斷調整目標、用行動驗證信念、在挫折中學習、在支持中成長，動力就不只是短暫的衝動，而是通往夢想的長期燃料。

第十章　內在動力的驅策

第五節　內在動力的資源整合

　　內在動力是推動人生向前的無形引擎，而資源整合則是讓這股動力持續壯大的關鍵。心理學家馬汀・塞利格曼（Martin Seligman）認為，內在動力需要來自多種心理與環境的養分，而資源整合正是把這些養分系統化、具體化的過程。拿破崙・希爾提醒我們：「把資源化為行動，讓內在動力在挑戰中不滅。」

　　內在動力的資源，首先來自於個人的心理能量。心理學家愛德華・德西（Edward Deci）與理察・瑞恩（Richard Ryan）提出，自我決定理論中，當人能從行動中感受到自主性、勝任感與連結感時，內在動力會源源不絕。資源整合的第一步，就是學會在日常行動中，讓這三種心理需求都能被照顧與滿足。

　　第二，外部環境的支持，是內在動力的重要外部資源。心理學家布芮妮・布朗（Brené Brown）發現，真誠的人際連結與社會支持，能顯著提升一個人面對困難的韌性。與態度正向的人為伍、向榜樣學習、或是在團隊中尋求共鳴，這些社會資源能在壓力下成為動力的後盾。

　　第三，學習與知識是持續推動內在動力的重要資源。心理學家卡蘿・杜維克（Carol Dweck）在成長型心態理論中指

第五節　內在動力的資源整合

出,當人們不斷學習與更新認知,就會更願意在行動中挑戰自我。持續的學習,像是一股源源不絕的養分,讓內在動力不斷被滋養。

資源整合的第四步,是在行動中不斷檢視與調整。心理學家亞伯特·班度拉(Albert Bandura)認為,透過反思與調整,能讓內在動力與外在挑戰保持平衡。每天花一點時間問自己:「我現在的動力從哪裡來?我還有哪些資源可以補充?」這種自我檢視,能讓資源運用更靈活,也讓動力更持久。

舉例而言,創業者在面對市場挑戰時,會結合市場知識、團隊協作與個人願景,形成完整的資源網絡。運動員則會結合教練的指導、夥伴的支持與自我訓練,讓動力在長期的賽事中不被消磨。這些例子說明,資源整合不是一次性的動作,而是持續的行動智慧。

總結而言,內在動力的資源整合是一場心理與外部世界的對話。拿破崙·希爾提醒我們:「把握每一個可用的資源,讓夢想的動力不再只是憧憬,而是可以踏實實現的行動力。」當我們學會在生活中不斷整合內在的信念、外在的支持與行動中的學習,內在動力就會像不滅的火焰,照亮人生的每一步。

第十章　內在動力的驅策

第六節　動力與行動的結合

　　內在動力是心理層面的燃料，而行動則是它在現實世界的具體展現。心理學家馬汀・塞利格曼（Martin Seligman）強調，真正的動力不該只是心中的火花，而必須轉化為具體的行動步驟。拿破崙・希爾更提醒我們：「行動是夢想的階梯，動力是支撐行動的核心力量，兩者缺一不可。」

　　動力與行動的結合，首先在於明確的目標設定。心理學家愛德華・德西（Edward Deci）與理察・瑞恩（Richard Ryan）指出，當人們的行動與內心目標一致，行動會帶著更多的投入與持久性。這意味著，行動不只是完成任務，而是帶著「我想實現什麼」的意義，讓動力在每一步都能被轉化為具體的執行力。

　　第二，行動本身也能回饋並強化動力。心理學家亞伯特・班度拉（Albert Bandura）發現，當人們在行動中獲得小小的成果感，會讓內在動力被正向回饋。舉例而言，當運動員在訓練中完成一個進階動作，或學生在學習中掌握一個新概念，這些行動中的微小勝利，都會在心理層面累積「我做得到」的信念，讓動力更強大。

　　第三，動力與行動的結合，需要持續的檢視與調整。心理學家卡蘿・杜維克（Carol Dweck）在成長型心態理論中提

第六節　動力與行動的結合

醒我們，當行動與結果出現差距時，真正的挑戰是如何在行動中學習，而不是被失敗壓垮。問自己：「這個行動有沒有真的接近我的目標？下一次我可以怎麼調整？」這種反思，讓行動更有彈性，也讓動力不被挫折澆熄。

　　舉例而言，創業者在推動新計畫時，可能會遇到市場的冷淡或意外的挑戰。若能在每一次的嘗試中，將「我想解決問題」的動力，轉化為「我今天要完成什麼步驟」的行動，便能在小小的行動中看見前進的力量。運動員在長期訓練中，透過設定階段性目標與每日小步驟，也能在日常行動中不斷喚醒動力。

　　總結而言，動力與行動的結合，是心理力量與行動策略的雙向對話。拿破崙・希爾提醒我們：「行動，是驗證動力的唯一途徑。」當我們學會在每天的行動中，帶著內心的目標感，並用反思與調整持續優化過程，動力就不再只是激情的火花，而是能讓每一天都更有意義的行動燃料。

第十章　內在動力的驅策

第七節　動力的自我檢視

　　動力的自我檢視，是讓內在驅動力持續鮮活的關鍵步驟。心理學家馬汀‧塞利格曼（Martin Seligman）指出，動力並非一成不變的，它隨著情境與心境的變化而起伏。拿破崙‧希爾提醒我們：「唯有學會定期檢視動力，才能在迷失時重新找到方向。」

　　動力的自我檢視，首先需要對動力來源保持覺察。心理學家愛德華‧德西（Edward Deci）與理察‧瑞恩（Richard Ryan）認為，內在動力往往源自於與目標感、價值感、勝任感與連結感的連結。問自己：「我現在的動力是來自真心的熱情，還是來自外在壓力？」這樣的提問能讓我們及時發現，內在動力是否還與內心的真實渴望契合。

　　第二，動力檢視需要看見行動與結果的落差。心理學家亞伯特‧班度拉（Albert Bandura）指出，自我效能感的強化，往往來自行動中的小小成功。當行動與結果不符時，若只是盲目埋頭苦幹，動力容易被挫折感消磨。學會在行動後問自己：「我在哪裡做得不錯？我在哪裡需要調整？」這樣的思考，能讓動力重新找到正向的回饋與累積。

　　第三，動力的自我檢視也需要關注情緒與態度。心理學家丹尼爾‧高曼（Daniel Goleman）強調，情緒起伏是動力變

第七節　動力的自我檢視

化的重要訊號。當感受到疲憊或厭倦，與其強迫自己「繼續努力」，不如先停下來問：「我是否需要休息？我是否需要轉換方式？」這種體貼自己情緒的態度，能讓動力在需要時得到休養與更新。

第四，尋找外部回饋也是動力檢視的好方法。心理學家布芮妮・布朗（Brené Brown）指出，支持性的人際互動能提供新的視角與激勵。當覺得動力消退時，向信任的人分享現狀，或參加學習社群，往往能讓自己的視野更開放，並從他人的鼓勵與經驗中，找到新的啟發與能量。

舉例而言，運動員在備賽期間，會透過與教練與隊友的對話，重新檢視訓練的目標與狀態。創業者在市場波動中，會透過市場數據與同儕的經驗，調整商業策略，讓動力不因外部挑戰而枯竭。這些例子說明，動力的自我檢視，不僅是面對自己的對話，也是與世界互動的橋梁。

總結而言，動力的自我檢視，是一種面對真實、尊重情緒與調整行動的勇氣。拿破崙・希爾提醒我們：「動力是一條不斷更新的河流，唯有經常檢視，才能讓它不斷流向夢想的彼岸。」當我們願意在日常中，給自己留下一點反思的空間，動力就能在每一次檢視後，變得更堅實、更貼近自己的內心渴望。

第十章　內在動力的驅策

第八節　內在動力的實踐力

　　內在動力的實踐力，是將心中的熱情與信念，化為真實的行動與成果。心理學家馬汀・塞利格曼（Martin Seligman）指出，真正的動力，不是藏在心底的想法，而是被具體展現在行動中的力量。拿破崙・希爾也提醒我們：「夢想若不被行動驗證，就只是一場空想；唯有行動，才能讓內在動力變成生命的成就。」

　　內在動力的實踐力，首先在於明確的行動計畫。心理學家愛德華・德西（Edward Deci）與理察・瑞恩（Richard Ryan）指出，當一個人的行動與目標、價值觀一致時，內在動力就會像一股穩定的能量，驅動人堅定前行。這意味著，想要讓動力真正轉化為實踐，需要在每天的行動中，不斷校對「我正在做的，是否貼近我的核心目標？」

　　第二，實踐力的培養，需要持續的小行動。心理學家亞伯特・班度拉（Albert Bandura）強調，行動中的小成功，能在心理層面累積自我效能感。每天完成一件與目標相關的小事，無論是多小的進步，都在默默地強化「我做得到」的信念，讓動力在日常中不斷被強化。

　　第三，實踐力也是學習與調整的過程。心理學家卡蘿・杜維克（Carol Dweck）在成長型心態理論中提醒我們，行動

第八節　內在動力的實踐力

中不可能沒有錯誤，真正的關鍵是：如何在錯誤中學習、在挫折後調整。每當遇到困難時，與其停滯或氣餒，不如問自己：「我從這裡學到什麼？下一步可以怎麼做得更好？」這種思考模式，讓內在動力能在實踐中不斷進化。

第四，讓行動與情感連結，提升實踐的溫度。心理學家布芮妮・布朗（Brené Brown）發現，當行動中帶有情感的認同與共鳴，內在動力會更加持久。像是把目標寫在筆記本上、與朋友分享自己的夢想，這些看似簡單的動作，都能在情感層面讓行動更有溫度，也讓動力更有黏著度。

舉例而言，運動員在日常訓練中，不只是為了比賽成績，而是為了展現「挑戰自我、成為更好的自己」的信念；創業家在產品的打磨中，並不只是為了市場的回饋，而是想透過創意，實現對世界的影響。這些例子說明，內在動力的實踐力，不只是外在成效，更是一種與自己價值的深度對話。

總結而言，內在動力的實踐力，是把心中的渴望與價值，落實到每一個當下的行動中。拿破崙・希爾提醒我們：「行動，是夢想最真實的形狀。」當我們每天多踏出一步、多完成一個小目標、多反思一個挑戰，內在動力就會在實踐中被點燃，成為面對世界時，最深厚也最持久的力量。

國家圖書館出版品預行編目資料

拿破崙・希爾的成功法則：成長型心態 × 自我效能感，拆解信念的形成過程，從潛意識改寫對自己的定義 / [美] 拿破崙・希爾（Napoleon Hill）著，沈懿文 編譯 . -- 第一版 . -- 臺北市：財經錢線文化事業有限公司 , 2025.07
面；　 公分
POD 版
譯自：The law of success
ISBN 978-626-408-329-4(平裝)
1.CST: 成功法
177.2　　　　　　　　114009788

拿破崙・希爾的成功法則：成長型心態 × 自我效能感，拆解信念的形成過程，從潛意識改寫對自己的定義

作　　　者：[美] 拿破崙・希爾（Napoleon Hill）
編　　　譯：沈懿文
發 行 人：黃振庭
出　版　者：財經錢線文化事業有限公司
發　行　者：崧燁文化事業有限公司
E - m a i l：sonbookservice@gmail.com
粉　絲　頁：https://www.facebook.com/sonbookss/
網　　　址：https://sonbook.net/
地　　　址：台北市中正區重慶南路一段 61 號 8 樓
8F., No.61, Sec. 1, Chongqing S. Rd., Zhongzheng Dist., Taipei City 100, Taiwan
電　　　話：(02) 2370-3310　　傳　　真：(02) 2388-1990
印　　　刷：京峯數位服務有限公司
律師顧問：廣華律師事務所 張珮琦律師

-版權聲明-

本書作者使用 AI 協作，若有其他相關權利及授權需求請與本公司聯繫。
未經書面許可，不可複製、發行。

定　　　價：350 元
發行日期：2025 年 07 月第一版
◎本書以 POD 印製
Design Assets from Freepik.com